湖州电力优秀管理论文
2024

王激华　　邢建旭◎主编

中国商业出版社

图书在版编目（CIP）数据

湖州电力优秀管理论文．2024 ／ 王激华，邢建旭主
编．-- 北京：中国商业出版社，2025．4．-- ISBN
978-7-5208-3178-9

Ⅰ．F426.61-53

中国国家版本馆 CIP 数据核字第 2024XF8901 号

责任编辑：石胜利
策划编辑：王　彦

中国商业出版社出版发行

（www.zgsycb.com　100053　北京广安门内报国寺 1 号）

（总编室：010-63180647　编辑室：010-63033100）

发行部：010-83120835/8286

新华书店经销

三河市华东印刷有限公司印刷

*

710 毫米 ×1000 毫米　16 开　11.5 印张　170 千字

2025 年 4 月第 1 版　2025 年 4 月第 1 次印刷

定价：45.00 元

*　*　*　*

（如有印装质量问题可更换）

目　录

基于人工智能的电网作业现场反违章策略理论研究

童大中　吴国强　殷志敏

摘要： 在当前科技飞速发展的背景下，人工智能已成为辅助电网作业现场反违章的关键。尽管人工智能的应用已经取得了初步成效，但在实际操作中，这一技术的识别准确率仍然不尽如人意，这直接影响了反违章策略的效果和效率。本文通过对人工智能在电网作业现场反违章策略的研究，探索提升违章识别准确率的方法以及相应的管理机制。

关键词： 人工智能　电网作业现场　反违章策略　识别准确率　管理机制

引言

目前，电网作业呈现"两高"态势，以浙江省内为例，日管控作业量高峰期时已达 7000 余条，其中高风险作业现场近千个，而现行反违章策略主要存在以下两点不足：

第一，现场安全督察覆盖面较低。因近年来各电网作业数量快速增长，督察人员投放于各作业现场的精力逐渐减少，高质量完成每场作业安全督察难度持续增加。

第二，远程督察具有较强的抽查随机性。因作业计划数量过大，远程督察人员对现场作业的督察时间不足，发现违章的随机性较强，容易错失最佳查纠时机。

因此，目前反违章策略无法满足安全管控的需要，亟须依托人工智能技术手段，完善作业现场违章场景智能化应用，切实提高反违章工作质效。

1. 人工智能反违章现状分析

尽管智能违章识别已逐步开展运用，但识别准确率始终无法满足需求，而识别违章准确率不高的原因主要有以下三点：

（1）作业现场环境复杂多变。电网作业现场的环境复杂多变，包括不同时间段的光照变化、天气条件、设备布局差异等，这些因素极大地影响了图像识别系统的准确性。

（2）训练模型泛化能力不足。现有的模型在训练时缺乏足够多样化的数据集，在面对与训练环境差异较大的实际应用场景时，识别准确率降低。

（3）违章行为界定较为困难。违章行为的定义往往依赖于具体的工作环境和操作规程，这些标准可能因地而异，这种标准的不一致性给人工智能算法的学习造成了困难。

本文将重点讨论违章行为界定问题的解决方式，通过建立基于人工智能的反违章策略，为人工智能算法的学习和模型的使用提供有力的支撑。

2. 人工智能反违章策略研究

通过作人工智能反违章策略研究，目的是厘清作业现场特征、违章特征与违章发生机制，构建基于多类现场标志物识别的典型违章判定技术路径。

2.1 特殊作业现场筛选研究

特殊作业现场的精准筛选构成了智能反违章系统的核心前提，为后续的违章防治工作奠定了坚实的数据基础。

通过构建一个基于标志物的作业现场特征元素库（见表1），将作业现场类型与对应的特殊标志物联系起来，使每个作业现场都能通过其特殊标志物被准确识别。

表1 作业现场特征元素库示例

序号	违章内容	特征元素
1	变电作业现场	吊车
		升高车
		脚手架
		安全围栏
		挖掘机
2	输电作业现场	吊车
		放线滑车
		直升机
3	配电作业现场	吊机
		挖掘机
		脚手架

2.2 违章特征元素研究

按照适用专业、违章类别、作业场景、辨识对象、违章行为等组成元素进行多维度系统化整理和归纳，可形成违章特征元素库，为违章智能识别算法研发提供理论支撑。

通过违章特征元素研究可以建立起一个结构化、系统化的违章特征元素库（见表2），为违章智能识别算法的研发提供坚实的理论支撑和数据基础。

表2 违章特征元素库示例

序号	违章内容	特征元素
1	吊机有重物悬在空中时，驾驶人员离开驾驶室或做其他工作	吊机
		重物
		人员
2	电缆井井盖、电缆沟盖板及电缆隧道入孔盖开启后，未设置围栏，无人看守。作业人员撤离电缆井或隧道后，未盖好井盖	井盖
		电缆沟
		围栏
		人员

续表

序号	违章内容	特征元素
3	作业人员擅自穿、跨越安全围栏、安全警戒线	人员
		围栏
		警戒线
4	作业人员高空抛物	人员
		梯子、脚手架等高处作业平台
		工具等物品
5	起重作业无专人指挥	人员
		重物
		吊机

2.3 违章发生机制研究

以违章特征元素库为基础，通过研究各条具体违章发生的逻辑机制，分析特征元素与违章行为之间的关联性和规律性，形成违章发生机制库，为违章智能识别算法研发提供理论支撑。

实际可基于国网典型违章库及违章特征元素库，逐条梳理各违章场景下各特征元素的违章发生组合机制，包括静态位置、动态过程、违章特征组合要求等，整理、归纳形成典型违章发生机制库（见表3）。

表3 违章发生机制库示例

序号	违章内容	违章机制
1	吊机有重物悬在空中时，驾驶人员离开驾驶室或做其他工作	1. 无人员； 2. 有吊机； 3. 有重物； 4. 吊机下方有重物
2	电缆井井盖、电缆沟盖板及电缆隧道入孔盖开启后，未设置围栏，无人看守。作业人员撤离电缆井或隧道后，未盖好井盖	1. 无人员； 2. 有井盖； 3. 有电缆沟； 4. 井盖与电缆沟不在同一位置； 5. 无围栏

续表

序号	违章内容	违章机制
3	作业人员擅自穿、跨越安全围栏、安全警戒线	1. 有人员； 2. 有围栏或警戒线； 3. 人员在围栏或警戒线上方
4	作业人员高空抛物	1. 有人员； 2. 有物品； 3. 物品在空中； 4. 人员在脚手架（梯子）上方
5	起重作业无专人指挥	1. 无人员； 2. 有吊机； 3. 吊机下方有重物

2.4 违章"特征元素 + 发生机制"研判模式研究

通过系统地梳理并整合各项违章行为的典型特征及其发生机制，能够构建出一种"特征元素 + 发生机制"的研判模式。

举例来说，当识别"吊车吊重物时人员在下方"这一违章行为时，可以通过分析图像中的特征元素（吊车和人员），来判断其位置关系。

具体来说，以吊车为参照物，如果检测到人员与吊车距离相近，则可以判定违章行为成立；反之，则违章行为不成立。这种基于图像分析的判断方式，不仅清晰且具有较强的可操作性。

除了使用位置关系，还可以利用多种其他信息来提高违章行为研判的准确性，如时间关系和行为序列。

2.5 智能违章识别的启动及研判策略研究

根据"特征元素 + 发生机制"的研判模式，可以将整个智能违章识别分为以下两个流程：

（1）启动流程。系统会根据图像中的物体与违章特征元素库进行对照，判断特征是否齐全。

（2）研判流程。当特征元素齐全时，系统会根据违章机制研判违章行为是否成立。如果成立，则进入违章处理流程。

传统的人工智能识别系统在直接应用算法进行违章行为识别时，往往会因为算法的不完善或者应用场景的复杂多变而导致准确率不尽如人意，而这一新模式将解决这一问题。

3.基于人工智能的反违章管理机制研究

依托人工智能反违章策略，贯通违章核查、推送、处理和评价四个环节，可构筑覆盖事前预警、事中控制和事后评价的智能反违章全流程管理机制。

（1）智能反违章告警核查机制。各级督察中心根据智能反违章推送的告警信息，进行初步人工核查，筛选出误报、重复内容，直接按类型归档处理，对于筛选出的有效告警信息，通过短信平台将违章内容发送至现场负责人，制止违章行为。

（2）智能反违章告警推送机制。违章告警信息应推送至现场负责人，推送方式以短信推送为主，可适度使用语音通知，推送内容包括告警内容、告警时间、告警图片、工作计划名称、作业风险等级、违章情况描述及对应违章条款等。

（3）智能反违章告警处理机制。规范处理流程，需包含违章报告提交—审核—下发三个环节，首先初筛出有效告警信息，进一步提交审核认定，审核通过后在智能反违章系统生成违章整改通知单，发送至相关违章单位，责成整改。

（4）智能反违章评价机制。责任单位在规定整改期限内完成违章整改，并将整改报告反馈各级督察中心，经审核通过后归档，同时设置智能违章查处率指标，持续考察智能反违章功能使用的有效性能。

4. 结语

在本文中，我们探讨了人工智能在电网作业现场反违章工作的应用状态，通过人工智能反违章策略和反违章管理机制的研究，提出了可能的改进方向。未来的研究仍需要聚焦于算法优化、数据采集质量提升、模型适应性增强和大模型等方面，以及如何建立基于智能反违章的工作机制和管控机制，确保人工智能技术能够更可靠、高效地服务于电网作业现场的反违章工作。

参考文献

[1] 何洪洋，马松国，张滨，等．基于人工智能的电力基建反违章安全管控方法研究 [J]. 应用研究，2023，42（11）：50-55.

[2] 石彦鹏，潘作为．基于人工智能和 UWB 定位的反违章综合安全管控 [J]. 黑龙江电力，2022，44（5）：388-394.

以防险增效为目标的发电副产品销售模式探索

查成　周国良　胡佳

摘要： 为规范发电副产品销售秩序，着眼全局，既保证电厂发电机组安全稳定运行，防范销售过程中风险隐患，又达到发电副产品销售利润最大化目的，创新发电副产品"长协＋竞价"销售模式。

关键词： 风险防控　提质增效　竞价销售

引言

华能长兴分公司（以下简称"分公司"）结合自身在发电副产品经营销售方面的经验和销售渠道，按照分公司关于发电副产品销售管理方面的有关要求，以提升管理水平为目标，发挥市场主体作用，不断优化完善"长协＋竞价"销售模式，为发电副产品实现规模化、集约化销售提供保障，为分公司提供一个稳定、可靠的销售途径，解决存储和环保压力。

1. 实施背景

发电副产品受地域、建筑行业开工率、强对流天气、节假日、疫情等多种影响，销售价格波动较频繁，其销售状况与机组安全稳定运行息息相关。同时，其作为分公司一项进项收入，如何实现其安全合规销售成为众多火电厂一项重大课题。下面结合分公司处置经验进行简单介绍。

1.1 原处置方式介绍

分公司 2022 年度及之前发电副产品销售采用公开招标方式，委托浙江天音管理咨询有限公司（以下简称"天音公司"）具体负责粉煤灰、石膏、炉底渣的公开招标工作。

1.1.1 公开招标方式介绍

通过公开招标，确定多家经销商（粉煤灰、石膏、炉底渣销售中标单位分别为 18 家、10 家、3 家），并满足销售价格随行就市的要求。

业务部门每月对商砼、水泥、对标单位价格开展调研，同时结合当地市场情况形成报告，如市场行情出现重大变化（市场行情波动 > ±10%），销售价格随行就市进行调整，定价过程履行集体决策程序，并报上级公司备案。

1.1.2 存在的问题

（1）招标代理机构非华能系统单位。天音公司属地方招标代理机构，未实现所有业务由系统内单位代理或在华能电子商务平台开展。

（2）无权威调价机制参考。价格随行就市主要通过当地市场调研情况，无权威定价依据可供参考，无法实现量化调价。

1.2 委托招标公司竞价情况调研

集团公司鼓励系统各基层发电企业对炉底渣、粉煤灰、石膏等工业固废品采用进场交易方式公开挂牌竞价销售，挂牌业务原则上委托中国华能集团有限公司北京招标分公司（以下简称"招标公司"）开展。分公司对委托招标公司竞价调研情况如下：

1.2.1 竞价情况概述

分公司委托招标公司，招标公司联系北京产权交易所（以下简称"北交所"），采用公开挂牌竞价方式，单标段只能一家经销商中标，为满足多家经销商中标要求，需拆分多个标段，且中标价格在合同期内不可调整，全流程竞价时间长。

1.2.2 存在的问题

（1）竞价方案较单一，单标段无法满足多家单位中标。

北交所挂牌交易通过多轮竞价确定最终单位，且系统不显示除成交单位外其他单位信息，无法采取更为灵活多样的竞价方案。

（2）全流程竞价时间长。

竞价方案需经分公司集体决策后，推送招标公司，经北交所挂牌竞价，待竞价结果公布后，再经分公司集体决策，公示竞价结果，完成合同签订，无法满足短周期竞价的要求。全流程竞价时间长，不利于反映真实市场价格，面临着经销商正常履约的考验。

（3）经销商经营压力大，参与积极性不高。

一旦竞价成功，成交单位须向招标公司提前支付销售合同全款，直至数量足额兑现或合同到期，考虑到合同期限较长，变相增加了经销商经营压力，动员参与难度较大。

1.3 委托招标公司招标情况调研

分公司参照当前招标模式，就委托招标公司公开招标调研情况如下：

1.3.1 招标情况概述

该方式由分公司将公开招标方案提交招标公司，通过华能电子商务平台发布招标公告，按流程开标评标并确定最终中标单位。

根据与招标公司联系调研情况，招标文件需满足如下要求：

（1）标段数设置在 6 个以内，保证招标成功率。

（2）招标需直接确定单位及价格，但每个标段可分淡、旺季数量进行不同的报价，以保证经销商履约执行。

（3）若需价格随行就市，需在招标文件中明确所参考的发电副产品权威定价依据及机制。

1.3.2 存在的问题

（1）无法满足多标段设置要求。遇到航道桥梁施工、水闸关闭、重要时段管控等物流环节中断的突发事件，单位太少不利于提前落实有效的应对措施，威胁机组安全生产。

（2）无法满足销售价格随行就市要求。无权威调价机制参考，中标价格合同期内无调整机制。遇到市场价格上涨就会损害公司利益，市场价格下降经销商履约不积极甚至违约，导致滞销胀库风险，影响机组安全生产，除考核履约保证金外无有效制约手段。

2. 解决方案

综上所述，委托招标公司竞价无法解决竞价流程长与分公司要求的竞价周期短的矛盾，委托招标公司招标无法满足招标确定多家单位、价格随行就市的要求。天音公司虽然能满足价格随行就市的要求，但其属地方代理招标机构。

通过参考系统内相关单位并在此基础上论证完善，分公司对在华能电子商务平台采取竞价方式的可行性进行调研探讨，并最终确定竞价方案，具体介绍如下：

2.1　竞价方案概述

该方式由分公司编制竞价方案，在华能电子商务平台开展竞价工作，符合资质要求的潜在经销商进行报价，根据报价高低确定中标单位。

竞价方案以提高竞价可行性、强化经销商履约能力为重点，确保满足以下条件：

2.1.1　保证中标单位数量

通过完善竞价方案，优化分配方案，限定 B 级、C 级经销商限购比例，在确保中标单位数量的前提下不断提高竞争力与执行力。

2.1.2　短周期竞价真实反映市场价格

结合市场及销售情况动态调整竞价周期，通过灵活缩短竞价周期，由月度竞价改为半月度、十天竞价，竞价基准价由提前一个半月提供改为竞价前一天提供，真实反映市场价格，突出市场导向。

2.1.3　流程易操作，工作量可控

通过竞价资质及业绩要求修改，引入更多有竞争性经销商。根据资质设置条件进行审核，年底提前与潜在经销商签订年度发电副产品销售框架协议及安全协议。年度协议作为竞价报名及结果分配执行依据，避免每月进行合同签订，有效解决合同衔接时效要求，切实降低重复工作量。

同时竞价结果采取签报方式，结合华能系统"iHN+ APP"，实现电脑端、手机端两种审批方式，切实解决审批"签字难"问题，在实现线上无纸化办公的同时进一步提高工作效率。

2.1.4　强激励重考核，双管齐下抓履约

充分发挥经销商评价体系效能，结合日常表现进行分级，关联竞价中标数量分配，结合激励考核措施，奖优罚劣，打造稳定经销商群体。

2.2　竞价规则介绍

（1）单个经销商最大限购量分配比例规定。结合经销商评级规定进行分配，A级无最大限购量限制、B级10%、C级5%。

（2）经销商可根据自己实际需求参与竞价，申报需求量以竞价报名时通过电子商务平台上传签字盖章的《发电副产品需求申购表》为准，未上传申购表的竞价视为无效竞价。

（3）各经销商在分公司发布基准价的基础上进行报价，需求单价只能高于基准价格，低于基准价格者出局，原则上需求单价为整数。

（4）竞价截止后，首先根据各经销商报价按价格由高到低进行排序，然后按经销商等级分配比例进行分配，若需求量大于最大限购量，则分配最大限购量；若需求量小于最大限购量，则分配需求量。同等价格等级高者优先、同等价格同等等级平均分配，预估量的100%分配完为止。

（5）若根据经销商最大限购量分配后仍有余量，按照各经销商申购量及报价高低继续分配，直至预估量的100%分配完为止。发电副产品竞价结果分配如表1所示。

表 1　发电副产品竞价结果分配表

2024 年　月粉煤灰竞价结果						
竞价排序	单位名称	报价情况（元／吨）	申购数量（吨）	分配结果（吨）	执行价格（元／吨）	备注说明
1						
2						
3						
4						
5						
6						
7						
8						
9						
10						

2.3　长协机制介绍

通过竞价机制的不断探索完善，针对竞价过程中遇到的相关问题，分公司研究"长协＋竞价"组合销售模式，依靠长协兜底、竞价定价的方式在体现市场导向的情况下保证库容安全。

（1）长协单位确定。根据各经销商销售数量及销售价格，结合日常拉运配合表现及年度综合评价情况并征询入围单位意见最终确定长协单位清单。

（2）长协价格。销售价格在当期竞价出清数量加权平均价的基础上结合市场行情执行。

（3）长协数量。为竞价周期内发电副产品总量的占比量，长协数量占总量 50%~60%，该数量由各长协单位平均分配。

3．实施效果

分公司不断提高市场前瞻性和工作主动性，真正统筹好发电副产品销售的安全性和经济性。通过不断完善发电副产品公开竞价销售模式，实现了多单位中标及价格真实反映市场价的要求。

3.1 解决销售定价问题，提高风险防控能力

通过销售模式转变实现价格寻优，真实反映市场价格，突出市场导向，销售价格（含长协）由各单位通过竞价确定，降低人员因素对价格影响，有效规避廉洁及决策风险。

3.2 解决淡季销售难题，保证库容安全

强化创新管理，通过竞价资质及业绩要求修改，合理优化客户评价机制，引入更多有竞争力经销商。同时得益于竞价灵活机制，统筹春节假期、迎峰度夏等重要时间节点，通过提前研判市场形势，结合发电副产品产量及库存，采用降低基准价、灵活调整竞价周期等销售策略，切实掌握销售主动性。依靠长协兜底，在体现市场导向的情况下保证库容安全。

3.3 实现效益效率双提升

通过谋划阶段性销售策略，不断提高竞价效率，坚持对标领先底线，加强发电副产品盈利能力。2023 年，受浙沪建筑市场低迷、疫情后续影响、持续高温天气等因素影响，在发电副产品市场处于低迷状态的情况下，分公司发电副产品共完成竞价 35 次，销售单价区域对标第一。

关于火电企业岗位模块化培训的探索与实践

戴昌军　　王曼

摘要：青年员工是企业的新鲜血液，是企业创新的主体。火电企业是知识和技能密集型企业，青年员工的培训、培养和成长是企业发展的重要基础。目前，某火力发电企业的青年员工培养虽有一定成效，但效果并不理想，一线生产岗位青年员工的培养模式依然有待改进。该公司结合一线生产岗位员工岗位特性、培养中存在的问题及青年员工群体特点，探索建立以模块化培训为核心的人才培养机制，大力拓宽青年员工成长渠道，建立健全激励约束机制，促进青年员工快速成才，努力实现企业和员工共赢。

关键词：青年员工　一线生产　人才培养　模块化

引言

人才是企业发展的第一要素。青年员工是企业赖以生存和发展的关键，是企业的新鲜血液和创新主体。目前该公司青年员工主要以从事集控运行、维护检修等一线生产岗位为主。如何构建有效体系，建立健全激励约束机制，实施高质量一线生产岗位员工培训，促进青年员工快速成长成才，是支撑企业可持续发展的第一保障。本文结合一线生产岗位员工岗位特性与青年员工群体特点，探索构建岗位模块化培训机制，促使青年员工由被动学习变主动学习，提升一线生产岗位员工队伍整体素质。

1. 现状分析

某火力发电公司作为一家具有二十多年历史的传统火力发电企业，创建之初员工较多且年龄分布相对集中。近年来，随着老员工退休或调离，新员工虽逐年补充，但技能的提升并非一蹴而就，故技术技能人才缺口时有存在。运行部、维护部和燃机项目部作为该公司主要生产部门，虽然在人才培养方面一直各有特色，但还未形成一套完整的体系。

1.1 生产部门人才队伍现状

运行部是该公司青年人才的"蓄水池"，新招录的高校毕业生均优先分配至运行部，培养至一定程度后再输送至其他部门，因此运行部人才培养工作尤为关键。维护部各班组之间差异较大，核心专业青年员工保持持续稳定的流动状态，非核心专业则没有稳定的"活水"。燃机项目部作为后组建的综合性部门，组建之初运行班组有大量优秀青年员工加入，但检修班组补充力量有限，后劲不足（见表1）。

表1 一线生产岗位人员年龄情况

一线技能人员（部门和专业）	现有人数	平均年龄	35周岁及以下	50周岁及以上	其他年龄人员
运行部集控运行	101	34	70	9	22
运行部辅助专业	52	42	15	15	22
维护部核心专业	41	41	18	9	14
维护部非核心专业	31	52	2	25	4
燃机项目部集控运行	30	33	25	2	3
燃机项目部辅助专业	11	43	4	2	5
燃机项目部检修班组	15	45	5	6	4

运行部班组人员基数大，特别是集控运行充分体现了人数多、年龄优的人才"蓄水池"特点；维护部班组整体人员老龄化严重，特别是非核心

专业，平均年龄超过 50 周岁，严重青黄不接；燃机项目部的集控运行班组人员结构类似运行部，是个小型的人才"蓄水池"，检修班组类似维护部，部分班组老龄化严重。

1.2 生产部门青年人才培养现状

该公司各主要一线生产部门，在青年员工培养方面一直保持自己的特点。运行部根据部门岗位层级特点，在公司内率先提出模块化培训体系，并一直沿用至今。维护部青年员工的培养则坚持以问题为导向，主要随现场检修工作情况开展。燃机项目部作为综合性部门，于近年来提出运维一体化概念，并持续运用（见表 2）。

表 2　35 周岁以下一线生产岗位员工技术技能情况统计

一线技能人员（部门和专业）	35 周岁及以下	高级工	技师及以上	初级技术资格	中级技术及以上
运行部集控运行	70	3	1	40	5
运行部辅助专业	15	2	0	8	0
维护部核心专业	18	4	0	10	6
维护部非核心专业	2	0	0	2	0
燃机项目部集控运行	25	3	0	15	2
燃机项目部辅助专业	4	0	0	3	0
燃机项目部检修班组	5	0	1	3	1

三个部门的一线生产岗位青年员工共 139 人，获得技师及以上专业技能等级人数 2 人，获得中级技术及以上专业技术资格人数 14 人，与打造职工专业化队伍目标仍有明显差距，对一线生产岗位青年员工的培养任重道远。

该公司也积极通过导师带徒、专工授课、技能比武、岗位练兵及各部门特色培训方法等多种手段，努力提升青年人才培养质效，畅通人才成长通道，积极推进"双师人才"培养。但近年来该公司参加上级单位组织的技能竞赛成绩不甚理想，究其原因，主要体现在三个方面：一是青年员工学习系统性不够，达不到预想的学习效果；二是部分青年员工因晋升空间受限安于现状；三是青年员工培养周期缩短缺乏针对措施，需求远远大于供给。

2. 探索与实践

青年员工的成长成才与企业命运休戚相关，必须采取积极有效的措施，优化青年员工培养模式。该公司人才工作领导小组立足实际，加强统筹协调，注重人才培养机制顶层设计，指导各部门集智合力深化人才培养工作的开展。结合一线生产岗位员工岗位特性、培养中存在的问题及青年员工群体特点，在运行部模块化培训体系雏形基础上，探索建立以模块化培训为核心的人才培养机制。

2.1 培养有体系

该公司在调研的基础上，完成模块化培训工作指引编写。依据岗位任职资格标准，将胜任本岗位所具备的知识及技能分成模块，明确各岗位需要学什么、怎么学、学了后怎么评价、评价成果怎么运用。各部门为青年员工制订培养滚动计划，定期对青年员工成长情况进行考核及分析总结，指导下一步改进方向等，提升培训方式与效果。同时，将青年员工培训结果正向运用到岗位调整、薪酬激励、后备人才培养和评先评优中来，畅通青年员工成长通道，拓宽青年员工职业发展路径，增强青年员工内在驱动力。

2.2 学习有教辅

为解决人才培养与生产实际脱节，针对性、实效性较差等问题，针对性地提升技术技能，实现能力阶梯式成长，该公司根据侧重方向编制模块化培训大纲，各专业组织专家能手以系统为单元完善或修编培训教材、试题库、精品课件。根据青年员工入职时间及岗位层级不同，科学设定学习内容，有针对性地开展岗位培训。各部门结合自身实际，总结提炼人才培养经验，建立行之有效的部门内部强化培训管理办法或人才培养标准。

2.3 成长有引领

大力弘扬"工匠精神"，实施"一对一"精准带徒，强化"学、做、讲"长效培养机制。依托公司技能大师工作室和仿真机培训教室等平台，充分挖掘青年员工潜能，提升解决现场实际问题的能力。通过评先评优、专业技术资格认定、技能等级认定等，树立典型，营造"比、学、赶、超"的成才氛围，引导青年员工在岗位上成才。大力推进"青年大讲堂"活动，以"广、专、通"为培训指导思想，由青年技术骨干向各专业青年员工授课，同时鼓励多专业、多岗位交叉互学，打破岗位、业务、班组的固有界限，实现培养一专多能高素质青年员工的目的。

2.4 发展有平台

深化推进"以赛促学、学以致用"模式，激发员工内在动力，积极创造条件和搭建平台，鼓励青年员工参与各类技术技能竞赛及创新大赛，在竞赛中激发青年员工创新潜能和斗志，加速青年员工在本职岗位上成长。以"纵向打造专业特长生，横向培养岗位多面手"的培养原则，针对培养至一定岗位资格、一定专业技能水平、好学肯干的好青年，结合该公司内部人力资源相关规定及个人意愿，遴选出有发展潜质的青年员工，通过点检助理、挂职锻炼、青年骨干培养等人才软流动方式，分批次选送到相关专业进行专业能力提升培养。

3. 初步成效

目前，该公司一线生产岗位员工模块化培训工作已初步开展，发布了《模块化培训标准指引（试行）》标准制度，该指引统一规范了一线生产岗位员工岗位能力标准和培养内容，实现培养内容与岗位分级能力标准的统一，解决了青年员工培养工作原有标准不清、培养内容不系统、实效性不强等问题。在指引的指导下，运行部加大人才培养力度和强度，进一步完善运行部模块化培训教材，强化技术问答和仿真机培训工作；维护部出台《维护部模块化培训体系构建工作方案》，并安排专人分块撰写课件；燃机项目部总结提炼人才培养经验，初步形成《燃机项目部模块化培训方案》。

对企业而言，人才需要培养，更需要选拔。《模块化培训标准指引（试行）》针对人才选拔和打通职业发展通道也发挥了其重要作用。模块化培训考核成绩优秀的青年员工，不仅可以升职加薪，还可以结合职业技能竞赛、技术比武等情况成为公司青年技术后备人才，进而有望从生产岗位走上技术岗位。该公司也在人才激励制度上下足功夫，谋划出台了高职级岗位人员聘用实施办法，进一步畅通人才成长通道。针对遴选出的优质青年，根据不同青年员工的特点和发展需求，形成差异化培养方式，探索形成梯次化的人才储备机制，促进人才队伍建设举措的落地实施。

4. 结束语

功以才成，业由才广。该公司坚持以人为本，立足公司长远发展大计，打造一线生产岗位员工模块化培养体系，并在此基础上不断创新优化青年员工培养模式，保持青年员工队伍稳定和有序发展，用发展、进步解决企业生存和员工个人价值的实现问题，努力达到企业发展与员工个人价值利益的和谐统一，实现企业员工发展同向，责任共担，和谐共赢。

"五维一体"全过程员工健康管理体系的探索与实践

费晓明　俞昇森　杨海威

摘要：本文分析了员工健康管理体系建设的意义。从健康食堂、文体活动、应急救护、心理援助、健康管理中心等维度入手，形成了公司员工健康管理建设的实施路径。从健康理念转变、健康指数提升、社会影响提升等方面展示了实施成效。

关键词：健康　救护　心理援助

追求健康是实现人的全面发展的必然要求，健康企业是健康社会的重要组成部分，增强员工健康，实现企业建设与人的健康协调发展，是现代企业的重要职责。本文就公司如何提升员工健康进行研究。

1. 建立员工健康管理体系的背景分析

1.1 国民健康是国家富强、民族振兴的重要标志

实现国民健康长寿，是国家富强、民族振兴的重要标志，推进健康中国建设，是全面建成小康社会、基本实现社会主义现代化的重要基础。为推进健康中国建设，早在 2016 年国务院印发就《"健康中国 2030"规划纲要》，提出了在 2020 年、2030 年、2050 年三个阶段的战略目标，力争建成与社会主义现代化国家相适应的健康国家。

1.2 健康企业是推进国网高质量发展的重要保障

提升健康管理和服务水平，实现企业建设与人的健康协调发展，是现代化企业发展的最终目标。《健康企业建设规范（试行）》和《关于开展健康企业建设的通知（征求意见稿）》，分别从国家和企业两个维度对建设健康企业提出了新要求，着力打造"理念新、措施实、受欢迎、成效好"的健康企业建设新样板，推进企业高质量发展。

1.3 员工健康是实现个体全面发展的内在要求

相关调查显示，职业人群工作、生活压力会引发各类健康问题，现代社会各类疾病的患病人群也越来越趋向年轻化。工作压力带来的不良情绪，也会引发心理疾病。良好的身体和健康的心理是正常生活和工作的基本要求，也是实现个人长远发展和目标的保障。

2. 全过程员工健康管理体系的探索

公司积极构建"互联网＋健康"服务模式，通过互联网、大数据等新技术与健康管理服务的深度融合和应用，探索打造以健康食堂、文体活动、应急救护、心理援助、健康管理中心为核心的"五维一体"健康管理体系。

2.1 创建健康食堂，提供科学膳食

2.1.1 严格落实食品安全

建立农产品基地，运用绿色培育手段，为员工提供无公害绿色果蔬产品。严格落实农残监测和食品留样制度，相关数据纳入智慧健康食堂管理信息系统进行管理和发布。建立健全食品验收记录、食堂消毒、监测报告和消杀记录制度。

2.1.2 数字化膳食记录

智慧健康食堂与健康体检结果联动，探索动态制定食堂菜谱，实现食

物热量、营养实时在线监测。依托食物营养成分、食材、菜肴等数据库和食堂软硬件设备，自动读取食物信息并现场展示，为员工提供膳食建议，为健康管理中心提供良好的膳食调查数据来源。

2.1.3 个性化健康管理

依托智慧健康食堂管理信息系统，了解和分析个人饮食习惯，实施健康提醒管理。与健康管理中心建立联动机制，运用"云平台"体检数据，建立就餐人群健康档案，进行智能体检结果分析，对患有慢性病的人群提供特殊营养。

2.2 丰富文体生活，促进深度融合

2.2.1 搭建文体活动阵地

搭建"公司文体中心、直属单位文体室、基层站所文体角"三个层级的文体活动体系，文体中心配套篮球、网球等大型运动场地；直属单位文体室、基层站所文体角配备乒乓球、健身设施等；开展固定书屋与流动书屋相结合的职工书屋提质建设。

2.2.2 发挥协会纽带作用

发挥工会指导和协会自主作用，按照"群众性与竞技性相结合、趣味性与科学性相结合、专项赛事与小型多样性相结合"的思路，组织开展不同层次的员工文体活动。公司目前成立各类文体协会20个，参加会员635人。

2.2.3 组织多样文体活动

工会充分发挥职能作用，依托协会组织，以员工文体活动年为主线，常态化开展群众性文体活动，让一线员工既放松身体又培养团队合作精神。

2.2.4 培育文体专业人才

在公司传统优势领域如书法美术、羽毛球等培养一批高水平的文体活动骨干；针对文体弱项，逐步进行人才挖掘，拓展公司文体活动边界。

2.3 健全救护体系，筑牢生命防线

2.3.1 不断加强团队建设

依托闵华劳模工作室定期开展社会志愿服务经验交流，不断提升成员业务技能。每年吸收新鲜血液充实团队，推进优秀成员参加应急救护师的考试。八年来团队志愿者由最初的 1 人发展到现在的 45 人，实现了一、二、三级救护师全面覆盖，注册红十字救护师达 12 人。

2.3.2 全面开展急救培训

自 2003 年起，对一线员工开展全员应急救护培训，考核合格后颁发初级救护员证书，每三年进行复证培训。针对重大保电活动，组织志愿者为参与员工进行应急救护培训。组织员工开展 AED 培训，做到不仅会用，还要找得到、找得快。

2.3.3 不断创新培训模式

积极探索"线下＋线上"相结合的教学模式，《电力作业应急救护实用手册》PPT 课件入选国网大学；2020 年、2021 年应急救护课堂在网络上直播教学，实时点击量超 250 万人次；短视频《AED 的使用》入选"学习强国"平台。

2.3.4 注重培训总结创新

结合日常工作经验，整理编写《电力作业应急救护实用手册》，研制电力系统野外专用急救包并获得外观专利，积极在各级生产办公场所配置急救设备。

2.4 启动心理援助，关注情绪管理

2.4.1 深入基层调研，提升应用实效

开展心理体检，筛查不安全行为心理因素；组织访谈调研，疏解员工安全生产压力；发放网络调查问卷，建立员工心理档案，识别存在的一般心理问题；组织多层次员工进行一对一访谈，及时普及心理知识、调适紧张情绪。

2.4.2 健全阵地机制，强化落地执行

建设"员工心灵港湾"阵地，开通 7×24 小时员工心理健康咨询服务热线，制定并落实心理援助热线服务要求、咨询师相关职责义务、员工咨询须知等规章制度。

2.4.3 创新数字化平台，拓展应用覆盖面

结合微信公众号，搭建包含心理图文、心灵茶水间等 10 个模块的"湖电心灵驿站"心理援助网络平台，编制使用手册，向员工普及心理学知识。

2.4.4 加强宣传引导，提升员工心理素质

开设"心乐园"心理专栏，发布安全心理健康知识；设立线下"心驿站"咨询阵地，举办"心交流"工作坊；通过"访谈+体验"、团体工作坊等形式，提高为一线员工心理健康服务的技能；组建一支企业心理健康专员队伍，举行"心知识"安全培训，拓宽员工心理健康的服务面。

2.5 建成健康管理中心，助力健康管理

2.5.1 优化体检档案管理

结合员工的年龄、性别、病史、岗位等因素，精准化制定健康体检和疾病筛查方案。体检数据接入云平台，建立电子档案，出具个性化的评估报告、疾病风险评估报告，提出预防性建议和健康管理指导，开展大数据分析，查找共性健康问题。

2.5.2 深化医疗保障服务

设置远程会诊室，提供协助就医和互联网诊疗服务支撑保障，支持员工按需向全国知名医院优势科室发起远程会诊。定期邀请专家现场咨询会诊，推进优质医疗资源下沉，扩展健康服务能力边界。为公司应急抢修、重大保电、大型活动等提供医疗保障服务。

2.5.3 打造员工健康驿站

创建职工健康驿站，依托智能采集设备和云平台，提供心电图、血

糖、血尿酸、骨密度、人体成分等无创指标自助监测，邀请专家不定期为员工进行专业检查服务。

3. 公司健康管理成效分析

3.1 员工健康理念持续转变

近年来，公司员工更加注重科学营养饮食，主动参与运动的人逐年增加。调查结果显示，2023 年公司员工职业健康素养具备率为 62.8%，高于 2022 年全国重点人群职业健康素养检测结果 52.6%，员工的心理幸福感和安全感同比有了 85% 的大幅提升。

3.2 初步建成员工健康保障体系

构建员工健康管理中心，员工体检数据接入健康云平台，实现公司职工健康信息跨周期、跨机构融合利用，开展体检数据分析和深度应用。目前有 1638 名员工建立了健康档案，参与慢性病管理的 157 位员工人均体脂率下降，各项指标也有显著改善。其中心血管极高风险和高风险人群，血压、血糖达标率从基线 28.65% 提升至 65.46%，糖化达标率从基线 21% 提升至 69%，成效显著。

3.3 公司社会影响力不断提升

公司"救"在身边红十字应急救护培训志愿服务团队走进学校、社区、企业、机关，推出"救"在校园、"救"在社区、周六学急救、急救夏令营等一系列活动。累计举办志愿服务活动达 300 场次，培训救护员超过 1 万余人次，覆盖人数达 15000 多人，公益直播全平台总浏览量突破 500 万人次。

4. 结语

本文分析了建立员工健康管理体系的意义，通过打造"五维一体"健康管理体系，系统性地提出了公司员工健康管理的典型经验和做法，数据显示，公司员工健康管理成效显著。

基于蜂窝型集束煤仓的煤场数字化管理探究

刘洋　邰云　孙晨馨

概要：华能长兴分公司储煤场采用国际首创的全封闭蜂窝型集束煤仓（简称"方仓"），具有包括自动化控制程度高等诸多优点。相较于传统煤场进行数字化管理具有得天独厚的优势。数字化煤场系统全过程跟踪燃煤，参与管理入场、煤场、盘点、掺配、上仓、报表等环节。通过定位技术、无线射频技术、数据叠加、图像识别等技术，从方仓、皮带秤、原煤仓等设备直接或间接实时采集数据，从而实时掌握煤场信息，以便于及时根据机组负荷以及锅炉燃烧情况提前调整燃烧方式，达到安全、经济地燃烧，降低发电煤耗。

关键词：燃煤　集束煤仓　数字化

1. 蜂窝型集束煤仓优势

华能长兴分公司全封闭蜂窝型集束煤仓（以下简称"方仓"）由 48 个正六边形钢筋混凝土蜂窝结构的煤仓组成，呈四行集束排列，每行 12 个，单仓储量 4000 吨，可储存约 20 万吨燃煤。煤场采用犁煤器、活化给煤机实现定点卸料、取料，通过不同列的煤仓同时卸料在下一级皮带混合实现精细掺配，与圆形煤场堆取料机、条形煤场斗轮机等设备运行方式比较，运行控制简单，掺配更精细，人工干预堆取作业少，实现了燃料上仓系统全自动化控制。该优势为基于蜂窝型集束煤仓的煤场数字化管理奠定了基础。

2. 煤场数字化管理需求

燃煤存储、输送是煤场在电厂的两大作用，随着能源节约、环境保护要求的提高，增加了燃煤掺配的作用，为发挥这一作用极大地增加了工作量。煤场最终的作用是为锅炉提供所需的符合要求的燃煤，采用倒推法确定煤场数字化管理所需实现的目标。

2.1 上仓策略需求

运行部需要实时知晓各原煤仓存煤情况，燃料部需要依据原煤仓上仓目标（以下简称"上仓目标"）快速计算出原煤仓上仓策略（以下简称"上仓策略"）。而实际情况是运行部根据预测的负荷趋势，下发上仓目标，目标包含热值、硫分、重量、原煤仓仓位等信息，燃料部接收到上仓目标后，根据方仓存煤情况制定上仓策略，并将上仓结果反馈给运行部。方仓存煤信息数据以电子文档的形式存储于本地，制订上仓计划时均依靠人工查阅后计算获得，如果运行部临时调整上仓计划，响应往往不及时，并且运行部不是实时获取原煤仓存储数据，具有滞后性。整个过程涉及的基础数据设备均能自动获取，但因为数据是分别存放或者未整合处理，导致有效数据的获取十分麻烦，一些重复的计算工作也需要人工完成（见图1）。

图 1 数据流程图

2.2 方仓存储需求

上仓策略的制定需要依据方仓存煤情况数据，假如某一种煤全部存储在某一列方仓中，必然会降低掺配的选择性，为避免限制上仓策略选择数量的情况发生，在卸煤时就必须制定好存储策略。存储策略同样依赖查阅方仓存储数据以及近期上仓计划后通过人工计算获得。

2.3 安全管理需求

每个方仓有 32 个温度测点以及其他 CO、CH_4 等测点，虽然程控逻辑中已有对超过某个数值的判定，给予运行人员初步的操作提醒，但在实际应用中仍需要运行人员监视最高温度、最高浓度等数据作为最终判断的依据，并且在监测点坏点的情况时会出现误报难以解除的情况。这些数据需要进一步处理，剔除无效数据后再展示给运行人员。

3. 煤场数字化管理设计

3.1 建立数据库

为入厂的每一批燃煤标记一个数字标签，该标签关联这批燃煤中涉及的所有数据。数据包含这一批燃煤的重量、化验数据、存储位置、温度等。重量由入厂皮带秤、入炉皮带秤、给煤机流量计以及后续需要增加的方仓出口皮带秤获取；化验数据由自动采样装置采样送至化验室化验后自动上传；存储位置由方仓犁煤器到位信号、方仓出口活化给煤机运行信号、原煤仓犁煤器到位信号确定；温度从方仓测温钢缆获取。以日期为数字标签为例，假如 2024 年 1 月 1 日第 1 批燃煤开始接卸，赋予该批燃煤 2024010101 的数字标签，该标签与所有数据关联，通过该标签可以调取所有相关数据。

3.2 编写数据处理算法

3.2.1 数据初步处理算法

关联所有数据后，调取的数据并非全都有效，依然会为工作人员增加负担，一些数据需要处理后才能得出有效数据。

存储位置中有犁煤器对应的仓判定简单，末仓无犁煤器判定较为复杂，如 A8 犁煤器落下，燃煤存储至 A8 仓；各列末仓，即 A/B/C/D12 仓无对应犁煤器，以流量信号 +A/B/C/D 皮带运行信号 + 无其他犁煤器落下信号作为依据,当三个条件均满足则认为燃煤输送至末仓。

入厂皮带秤获取的是总重量数据,各个方仓和原煤仓存储的重量数据需要计算得出,以方仓犁煤器落到位信号为起点至抬起为终点,截取该段时间内入厂皮带秤数据的差值作为该犁煤器对应的方仓存储初始重量,减去该方仓出口皮带秤重量获得方仓实时存储重量。原煤仓存储重量算法与方仓类似,以原煤仓犁煤器落到位信号为起点至抬起为终点,截取该段时间内入炉皮带秤数据的差值作为该犁煤器对应的原煤仓存储初始重量,原煤仓存储重量 = 入炉皮带秤重量数据 − 给煤机流量计重量数据。燃烧消耗数据无须处理,即为给煤机流量计重量数据。

最高温度筛选采用循环比对法,选取第一个温度数据赋予最高温度,依次与剩余所有温度数据进行比较,如果前者温度较高,最高温度值不变,如果后者温度较高,将后者的值赋予最高温度进行替换。方仓其他安全监测数据筛选与最高温度类似。

数据经过处理后获得的有效数据如图 2 所示:

表 1　燃煤信息数据表

	总重量 / 存储位置			化验数据				温度
	方仓存储重量	原煤仓存储重量	燃烧消耗重量	热值	硫分	挥发分	可磨系数	最高温度
2023010101	A1: . . D12:	A: . . F:						

经过处理后剔除无效及冗余数据,数字标签只关联有效数据,调取方便。

3.2.2　燃煤掺配算法

燃煤掺配算法分为掺配比例算法和掺配算法两部分。掺配比例算法由方仓存煤信息通过平均热值、高低热值煤占比、高低硫分煤占比以及人工设定掺配比例阈值综合分析,优先消耗低热值煤、高硫分煤的方式提供掺配比例建议,最后由人工选择确定。掺配算法为在人工输入目标热值、硫分、掺配比例等要求后，先以热值分类，通过试凑法寻找符合目标热值和掺配比例的燃煤数字标签对；然后以同样的方法剔除其中不符合目标硫分的燃煤数字标签对；再剔除处于同一列方仓的燃煤数字标签对，最后显示所有可能的掺配方法，供人工选择。依据掺配比例的不同，可能是两种也可能是多种燃煤掺配。

3.2.3　方仓存储算法

优先搜索煤种性质相同或接近且存量大于容量一半的方仓，如果没有，则搜索煤种性质相同或接近且存量大于容量四分之一的方仓，如果没有，再搜索存储该性质煤种存量最少列的空仓。

3.3　制作可视化交互界面

依据运行人员需求，可显示以数字标签为基准的煤种分布图、以热值为基准的不同热值煤种储量表、单个原煤仓不同存煤信息分布图，依据需求自由化定制（见图2、图3）。

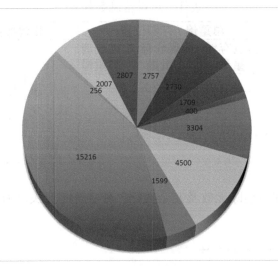

图 2　煤场煤种结构分析图

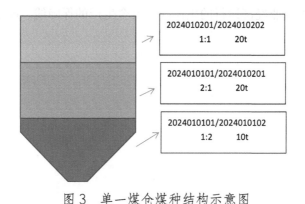

图 3　单一煤仓煤种结构示意图

4. 煤场数字化管理目标

实现方仓存煤信息数字化存储及显示，快捷查询；实现燃煤掺配自动化，输入上仓目标即可获得上仓方案；实现方仓存储策略辅助，减少人工计算；实现运行人员对原煤仓存煤信息精准把握，提前做好不同燃煤切换时多锅炉燃烧造成的影响。实现煤场更安全、经济、高效、环保的运行管理，以"大燃料"管理为导向，构建集生产、经营于一体的燃料全过程管理平台，实现燃料从入厂到入炉全过程动态化、数字化、智慧化的闭环管理。

5. 结语

该方案完全基于数据的处理，将现有的所有数据采集汇总并有效利用，除须增加方仓出口皮带秤和数据服务器外，无须再安装其他设备，采用的方式均为成熟可靠技术，简单且实用，也足以应对当前生产需要，动态显示各个仓燃煤信息，实现煤场动态管理，提高工作效率和质量，降低人工成本。

以数字化推进燃料管理方式转变，是实现燃料精细化管理、提升经营效益的必由之路。数字化煤场建设是加强燃料业务精细化、智能化管理的关键，是火电企业经济运行的生命线、安全生产的保障线、成本管理的主控线。

湖州特高压密集输电通道安全管理实践

马波　周俊　季世超

摘要： 自 2009 年开始，湖州地区多条特高压输电线路工程相继投产，六回线路在湖州市形成典型的特高压密集输电通道。该通道承担着华东地区重要的能源供应、通道安全和线路稳定运行需要运维保障。本文分析了特高压密集通道当前隐患问题，从人防、物防、技防和群防的角度提出了运维提升措施，为特高压密集输电通道安全管理提供了实践方案。

关键词： 特高压　密集输电通道　运维提升　安全管理

引言

近年来，特高压输电工程投运数十条，为我国的能源供应和资源配置提供了有效途径。国网湖州供电公司管辖特高压及跨区直流线路共计 12 回，线路长度 817.7 公里，占全省总规模的 40.3%（见图 1）。

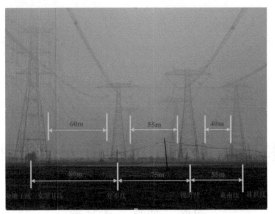

图 1 特高压输电密集通道现场示意图

其中特高压密集输电通道西起湖州市长兴县，东至湖州市南浔区，通道全长 110.16 公里，通道内有 ±800 千伏锦苏线、复奉线，1000 千伏安塘Ⅰ线／Ⅱ线，±500 千伏葛南线／林枫线共 6 回线路，额定输送容量 2980 万千瓦，约占上海市用电负荷的 90%。通道内的形式为"共用廊道、平行架设"，最窄处通道宽度仅为 300 米，相邻线路导线最小间距为 55 米，属于典型密集通道，是我国西电东送、北电南供、水火共济、交直互补的电力资源输送大动脉。

特高压密集输电通道在湖州地区途经山地、丘陵、河网等多种地形，跨越高速、铁路和通航河流，受到山火、雨雪冰冻、外破事件等因素的影响。通道安全保障工作形势复杂，压力巨大，本文基于相关运维安全问题提出多方面运检措施，为通道安全管理提供提升方案。

1. 通道运维保障措施

当前，针对特高压密集输电通道特点，结合输电线路运检工作经验，已从数字化技术、技术改造等多方面开展通道安全保障行动，建立通道及线路安全运检体系。

（1）织紧织密"三级护线"网络，开展特高压标准化巡检站建设，建立"1+10+N"运维保障体系，打造"半小时运维保障圈"。人员核心业务能力持续提升，积极开展事故抢修演练，在成功开展国内首次特高压密集输电通道直升机带电作业的基础上，实现"无人机＋小飞侠"特高压密集通道带电作业的熟练应用。

（2）在已完成密集通道内全部杆塔防风、防冰、防雷能力校核的基础上，结合线路停电，在国网系统内完成锦苏线、复奉线12基塔防冰、防风补强改造，防冰、防风薄弱点提前销号清零。常态化开展易飘物隐患排查，试点开展典型易飘物方案设计和永久加固。在特高压密集通道附近现有备品库，为特高压线路检修做好储备工作（见图2）。

图 2　±800千伏锦苏线抗冰补强情况

（3）加大感知装置投入力度，在特高压密集通道内安装微气象、金具测温、导线精灵、微风振动、分布式故障定位等监测装置284套，在线路日常运维、状态评价、应急处置等方面发挥了重要作用。实现通道可视化全覆盖，在重要输电线路上安装可视化高清视频697套、图像监拍909套，实现对线路本体和通道环境的实时监控。

（4）积极推进密集通道"两个纳入"，促使市政府将密集通道电力设施保护纳入社会治安综合行政执法体系，市政府及各县区安委办出台特高压密集通道安全保护支撑性文件。同时，与沿线乡镇村委组建"党建＋特高压"红色联盟，与相关企业单位组建通道安全联席会议，强化特高压密集通道守护群体。

2. 通道安全隐患

随着运维保障工作稳步推进，部分隐患得以消除，但特高压密集通道管理仍需强化。

2.1 人员管理

当前，特高压运维班组和相关护线队伍呈现出年龄结构不均衡、人员素质不一的特点，并且随着线路里程数逐年增加，现有人员不足。随着运维工作数字化、立体化推进，高素质青年人员亟须补充。

2.2 自然灾害

特高压密集通道部分山区线路面对雨雪冰冻灾害承受能力不足，缺少消除导线覆冰的有效措施和实时精确监测覆冰厚度的设施。山区区段基础设施不够完善，应对山区出现的山火和山洪隐患处于被动状态。

2.3 树竹隐患

塔基杂草树丛和毛竹清理工作是运维工作的顽固点之一，杂草树丛的潮湿环境加速基础腐蚀，每年清理工作后不仅存在季节性清理复生问题，清理后的草木堆放和转运也存在困难。

2.4 外破风险

部分特高压通道区段缺乏保护力度，无法防止有威胁性的作业车辆等接近通道，当前，通过远程视频监控发现车辆后派出人员前往现场处置，存在滞后性问题。

2.5 联防协作

特高压密集通道护线群众基础不足，没有发动起除护线队伍外的群体参与线路安全保障工作，同时也缺乏线路通道现场情况信息的传输通道媒介。

密集输电通道联合防控工作机制尚未发挥预期作用，与相关单位信息沟通不畅，特高压密集通道途经各乡镇村工作配合不积极，联席会议部分工作流于形式。

3.通道运维提升措施

3.1 物防措施

（1）完善特高压密集通道山区区段的基础设施。一方面，山区被大量的树竹覆盖，山火发生不易被发现且消防人员灭火途经距离远，水源供应将影响灭火的时间。根据消防部门建议，可选取定点位置放置大型储水容器，并辅以雨水收集装置，便于参与灭火人员就地取水灭火和控制火势蔓延。另一方面，山区也存在夏季山洪问题，开展专项排查后，在杆塔附近开挖排水沟并做好护坡，减少雨季山洪冲击的影响。

（2）在线路交跨和附近高速区段增加提示装置。考虑在特高压密集通道与杭长高速、申苏浙皖高速、申嘉湖高速交跨区段两侧位置，各加装两组感应语音提醒装置，感知车辆靠近时，装置发出语音提醒并闪烁红蓝灯光警示。在通道交跨高速区段统一加装感应语音提醒装置，能够有效降低出现临时作业外破风险（见图3）。

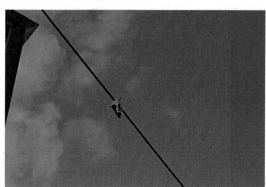

图3 警示装置夜间效果

3.2 技防措施

（1）完善在线监测装置的种类和功能。对于已经损坏的监控装置，制订计划更换损坏设备。同时根据统计的特殊区段和现场运维需求，分批次制订计划安装微气象、金具测温和分布式故障定位等监测装置。近年来，各类在线监测装置投入使用，技术管理措施逐渐完善，进一步提升监测装置功能和完善种类将有利于快速发现隐患。

（2）对鸟害区段的部分杆塔进行改造。葛南／林枫线路出现过鸟害导致跳闸事件，因此考虑进行防鸟害改造，通过增加金具延长绝缘子串、整塔升高等方式，降低鸟类粪便和鸟窝等对绝缘子串的隐患威胁。同时开展葛南／林枫线弧垂高度观测统计，对弧垂较低且通道附近存在无法砍伐、修剪树木的区段，制订改造计划进行整塔升高（见图4）。

图4 远程监控隐患预警

4.管理组织优化措施

4.1 人防措施

（1）设置特高压密集通道管理专岗，实现专人专管。技术组设置管理专职1名，运行班组各设置通道主管人员1名，监控中心设置专职监控员4名，特高压巡检站各设置专职人员1名（共10名）。同时增加巡视频率，每日上午开展通道巡视，下午开展无人机巡视。专职专人专管有助于简化工作流程，强化特高压密集通道的管理力度，使相关运检任务得到快速推进。

（2）提升特高压密集通道护线队伍人员素质。工区对各班组青年员工群体开展无人机训练、PMS3.0系统管理培训，各巡检站招聘青年新工并同步开展无人机等设备培训。通道管理人员和护线队伍的年轻化有利于开展无人机巡检等方式的推广实施，同时制订全体运维人员的培训计划，强化人员业务能力，以老带新，以新补老，教学相长。

4.2 群防措施

（1）加强与交通道路、通信和管道管理单位的联动和宣传培训。与路灯、通信、燃气等相关管理单位开展合作，并共同开展多单位联合培训计划，建立信息通知群和人员对接专线，改善当前信息共享不畅通的状况。周期性汇总实际工作中出现的问题，反映到联席会议上讨论解决。

（2）与各乡镇政府和移动公司开展宣传合作。与通道沿线乡镇政府联合制定责任落实机制，将配合工作加入沿线村支部书记年度考核中，促进日常工作对接落实。对所有市区内行驶车辆以及进入湖州区域的车辆进行短信投送"请不要在高压线路下方施工作业，存在严重安全隐患"的提示信息，经过长期宣传宣贯，能够达到一定的输电线路安全提示普及作用。

5. 结语

湖州特高压密集输电通道作为重要的能源供应大动脉，其安全管理需要进一步细化提升方案和付诸实践。国网湖州供电公司将立足立体防护体系，针对当前面临的隐患风险，加强特高压密集输电通道安全管理，确保输电通道安全稳定运行。在此基础上，进一步探索日益复杂的新形势下的安全运检提升方案，参与构建安全稳定的新型电力系统。

参考文献

[1] 林朝晖.福建省超特高压输电线路安全运行的研究 [J].现代工业经济和信息化，2015，5（22）:54-55.

[2] 张浩，岳灵平，张健.跨区电网输电线路"窄通道"运维管理实践 [J].中国电业（技术版），2012（11）:413-418.

[3] 张媛媛.超特高压输电线路运维管理中的问题及解决方法 [J].自动化应用，2023，64（S2）:128-129，132.

[4] 岳灵平，张志亮，俞强，等.输电线路在线监测系统的运行可靠性分析 [J].浙江电力，2014，33（6）:67-71.

新形势下国有燃煤发电企业标准化管理提升的思考与实践

蒋俊　段冲

概要： 在企业的发展过程中，标准化管理提升能够推动企业综合水平的提升。本文主要讲述了标准化管理提升对于企业发展的具体作用，针对国内燃煤发电企业在标准化管理提升过程中存在的问题进行分析，并结合某燃煤发电企业实际，提出了一些管理提升的措施，能够有效提高企业综合能力，助力企业实现高质量发展。

关键词： 标准化　管理　提升

引言

近年来，能源供需持续紧张、煤炭价格高位震荡、电力市场化进程不断加速，国有燃煤发电企业在落实能源保供的同时遭遇了生产经营发展的巨大挑战，标准化管理提升成为各企业实现高质量发展的关键抓手、持久动力。目前，国内国有燃煤发电企业在"两个一以贯之"方针指引下，已基本建立了现代企业制度，健全了标准化管理体系，但在标准化管理过程中还存在一定的问题，标准化管理提升助力企业经营发展的过程还有很长的路要走。

1. 标准化管理提升对国有燃煤发电企业的作用

标准化管理提升对于企业健全完善中国特色社会主义现代企业制度具有颇为重要的意义。对于业务管理来说，能够促使各部门职能、岗位职责更加明确，职能部门严格按照标准制度、各司其职、分工调节，最大限度发挥管理职责，有利于提高部门之间的衔接效率，提升工作质量。对于安全生产来说，各部门依据国家、行业、地方及企业自身的标准化要求开展相应工作，确保了安全稳定地发好电，做好能源保供工作。对于经营发展来说，标准化管理提升能够让燃煤发电企业更好、更快地适应电力市场化改革要求，避免被市场无情淘汰。对于企业文化来说，标准化管理提升有助于促进员工行为的标准化，有利于凝聚职工思想，形成积极向上、作风严谨的企业文化，树立良好的企业对外形象。

2. 当前国有燃煤发电企业标准化管理提升存在的问题

标准化管理的提升意味着企业制度要更加规范，管理职能更加清晰，部门协作更加高效，人员素质更加优秀，安全生产更加稳定，企业发展更加适应社会进步。对照这些要求，目前，国有燃煤发电企业在标准化管理提升方面仍然存在一些不足。

2.1 标准化管理整体意识不够

当前，大部分国有燃煤发电企业已经建立了标准化管理体系，但是企业大部分职工尚未形成完整的标准化管理思维，从上到下较难形成系统全面的标准化管理提升氛围，一线需求部门对此方面的重视程度仍需提高，职工遇事凭经验、想当然地将标准制度置之不理的现象仍有发生，标准化管理整体意识还不够。

2.2 标准化管理制度适应性不够

时代发展日新月异，随着"双碳"目标的提出、电力体制的改革、安全生产要求的提升，国有燃煤发电企业的各项管理标准、技术标准、工作标准都需要与时俱进，跟上时代的步伐。但大多国有燃煤发电企业并未健全系统梳理、定期检查更新的机制，又或者是检查更新周期过长，导致仍有许多不合时宜、无实质性指导作用或指导性不强的标准制度存在，标准管理制度的适应性还不够，对企业高质量发展必然有一定的掣肘。

2.3　标准化管理制度执行力不够

在现行企业标准化管理体系中，很多企业仍然有或多或少的标准制度执行不到位，标准制度的刚性约束力还不够，仍旧存在标准制度被放空，标准化管理提升工作停滞不前的现象。

3. 国有燃煤发电企业标准化管理体系的探索与实践

3.1　增强全体人员标准化管理意识

标准化管理提升仅依靠个别管理者是无法完成的，而是需要企业全体人员相互配合、共同努力才能完成。当前，国有燃煤发电企业一般都配备有标准化专职人员，要突出发挥关键指导作用；国有燃煤发电企业管理者要不断学习标准化管理知识，提高自身管理经验，改变以往的管理方式与观念，做标准化管理的引领者，驱动全员标准化管理意识提升；同时，要加强企业的标准化管理培训工作，通过调研走访系统内外单位、开设培训班等活动，提高企业工作人员对标准化管理工作的重视程度，职能部门对新制订、修订的标准要组织各部门加强宣贯学习，营造标准化管理提升的良好氛围，从根本上促进企业管理标准化的发展。

3.2　完善企业标准化管理制度

3.2.1　与时俱进，及时修订，适应时代发展要求

每年国家都会出台关于国有企业建设、电力体制改革、能源保供、安全生产等方面的相关政策，提出适应时代发展的新要求，国有燃煤发电企业要抓住机遇，紧跟时势，不断完善企业标准化管理制度。通过制度"立改废"措施，对照国家法律法规、行业规范、上级最新要求进行自查，全

面统筹做好新标准制度的"立"、旧标准制度的"改"以及不适用标准制度的"废"，严格按照要求履行好制度"立改废"相关程序。比如，随着国家对安全生产的要求达到了前所未有的高度，国有燃煤发电企业必须对照近年来各级政府出台的一系列关于企业安全生产标准化的条文要求，加强自身安全生产标准化管理体系建设，将企业的安全生产行为与国家法律法规相结合，于细枝末节之处做到护航企业安全生产。

3.2.2 去繁从简，优化流程，提高各项工作效率

企业内部高效运转的基础是拥有一套简单实效而又高效的标准化管理体系。许多企业虽已基本建立了标准化管理体系，但其未必简单、高效，有助于企业真正实现管理提升的。针对部分企业内繁杂的标准制度，各燃煤发电企业需要花大力气抽丝剥茧从各条线梳理标准制度总体情况，以简洁、便利、实用为原则，去除过于繁杂的文字描述，不求长篇大论，但求浅显易懂、言简意赅，尽量采用流程图、表格等形象化的方式表述，方便职工查阅学习。同时，对于一些需要经部门领导、分管领导、公司主要领导等多层级签字确认审批的流程单，需要结合"最多跑一次"改革要求，利用数字化信息技术实施线上审批申请流程，一方面，可以降低纸质单据使用频率达到节约资源的目的；另一方面，极大程度方便了职工并且提高了事项审批效率，这将对企业各项工作高效运转起到一定积极作用。

3.2.3 以人为本，激发价值，推进人才管理标准化建设

人才管理标准化是企业标准化管理的重中之重，是企业繁荣发展的动力源泉，是决定企业存亡兴衰的关键因素，对国有燃煤发电企业的长期生产经营业绩有着巨大促进作用。人才管理标准化工作可以从两个方面考虑：一是岗位的标准化管理；二是人才培训的标准化管理。岗位的标准化管理，主要是明确各岗位职责，形成绩效考核机制，可尝试在全单位内全面推进统一职级体系建设，总结先进试点单位或上级单位职级套改经验，最终形成人岗相适应的职级体系。人才培训的标准化管理主要利用模块化培训，对培训内容进行模块化封装，形成标准化培训模式，并制定人才培养激励机制，培养出更多高素质人才，促进企业整体管理水平提升，提高企业核心竞争力。

3.3 完善标准化管理监督机制

标准化管理提升能不能有成效，关键在于能否按照要求不打折扣地执行好。为了防止标准制度沦为摆设，标准化管理提升工作能够有效进行，从国有燃煤发电企业自身来看，要建立并完善相关的监督制约机制，设置相应监督职能部门，并选拔培养优秀的人才进入监督部门，对管理部门的日常工作进行监督。大力开展全员监督活动，人人都是企业管理工作的监督者，通过自我监督与互相监督相结合的方式，确保实现企业标准化管理提升。

4. 结语

总的来说，当前，各燃煤发电企业在推动标准化管理提升过程中存在的共性问题主要集中在人员意识不足、标准制度的适应性和执行度不足等方面，本文有针对性地提出"增强全体人员标准化管理意识""完善企业标准化管理制度""完善标准化管理监督机制"三大对策，具有较强的实践与指导意义，对相关企业推动标准化管理提升具有一定参考价值。

企业职工心理服务体系建设的探索与研究

崔晓

摘要： 当下，企业职工因为心理问题导致工作效率下降或离职的现象较为普遍，2021年新修订的《中华人民共和国安全生产法》（以下简称"新版《安全生产法》"）强调，要加强对从业人员的心理疏导和精神慰藉，因此，在企业内建设和完善职工心理服务体系就显得尤为重要。建成以心理健康教育为主、心理咨询干预为辅、企业内外部资源结合的"1+3"职工心理服务体系，能切实帮助职工解决工作和生活中的心理困扰，预防和减少心理行为问题的发生，从而促进企业的健康发展。

关键词： 企业职工　心理服务　体系建设

近年来，随着社会经济转型和工作生活节奏的不断加快，职工心理问题日益突出。一项针对中国企业员工的心理健康调查报告中显示，约有40%的员工表示在工作中遇到过心理困扰，其中10%的员工因为心理问题导致工作效率下降，15%的员工因为心理问题而选择离职。2021年，新版《安全生产法》颁布实施。该法第四十四条规定，要"加强对从业人员的心理疏导、精神慰藉，……防范从业人员行为异常导致事故发生"。因此，在企业内建设和完善职工心理服务体系就显得尤为重要，它能切实帮助职工解决工作和生活中的心理困扰，预防和减少心理行为问题的发生，同时，对加快建设省域现代化先行省，起到了积极的推动作用。

1. 心理服务体系的建立，对企业健康发展的重要意义

1.1 可以提升职工心理健康水平

企业职工的心理健康状况将直接影响企业的健康发展。通过提供心理咨询、心理教育、心理调适等心理服务，可以帮助员工解决工作和生活中的心理问题，提高自我认知和情绪管理能力，增强抗压能力，更好地适应工作和生活的变化，提升工作效率和生活质量。

1.2 增强员工工作动力和满意度

心理服务可以帮助员工更好地理解自己的职业发展规划和目标，找到与自身价值观和兴趣匹配的工作内容，并提供相关的职业规划和发展建议。同时，心理服务还可以激发员工的工作动力和创造力，提高工作满意度和归属感。

1.3 可以为企业带来更多的效益

通过建立职工心理服务体系，既可以使员工压力处于最佳水平，身心更健康，精力更充沛，从而提高企业的劳动生产率，增强企业的核心竞争力，也能使职工感受到企业对他们的关心，能吸引更多的优秀人才，由此降低人力资源风险。

2. 企业职工心理服务体系建设的实践

企业通过建成以心理健康教育为主、心理咨询干预为辅、企业内外部资源结合，优质协调、形式丰富、系统完善的"1+3"职工心理服务体系（即以职工心灵驿站为阵地基础，形成心理咨询志愿服务团队、健康专员、情绪观察员三级联动），切实帮助职工解决工作生活中的心理困扰，预防和减少心理行为问题的发生。

2.1 加强组织领导，完善工作机制，为建设心理服务体系提供坚实的组织基础和制度保障

2.1.1 成立心理服务体系建设工作领导小组

为确保职工心理服务体系工作的顺利推进，成立职工心理服务工作领导小组，负责职工心理服务的组织领导和计划实施等工作。定期召开工作会议，分析工作落实和推进情况，及时研究解决工作过程中遇到的问题和困难。

2.1.2 建立职工心理援助三级服务架构

建立以心理咨询志愿服务团队为核心、各单位心理健康专员为骨干、基层班组情绪观察员为触角的三级服务网络，做好职工日常心理健康教育和管理，接受职工心理求助；及时发现职工在日常工作中的不良情绪，根据不同程度进行负面情绪疏导、缓解心理压力。健全各级人员工作职责，优化服务内容，建立密切配合、分工合作的工作协调和服务机制，促进心理援助工作扎根基层，融入班组。制定心理健康服务工作标准、服务人员工作手册、道德规范和保密制度等，确保工作规范化、制度化。

2.1.3 建立职工心理健康评估和反馈机制

选用适合的心理评估量表，定期组织开展职工心理健康体检，形成《职工心理健康状况评估报告》，建立员工心理档案体系。在充分保护职工个人隐私的情况下，运用数字化手段对职工心理健康档案建模，反馈整体分析报告，帮助各职能（业务）部门动态掌握职工群体的心理状况与发展趋势，在科学评估的基础上，更加深入、精准地开展职工心理关爱服务工作。对处于特定时期、特定岗位、经历特殊突发事件的职工，及时进行评估并开展心理疏导和心理援助。

2.2 立足实际实效，深化宣传体系，为心理服务工作提供多元的服务渠道和阵地保障

2.2.1 加大"职工心灵驿站"建设

建设情绪宣泄室、音乐放松室、心理咨询室等为主要功能的"职工

心灵驿站"。职工之家与职工暖心驿站建设有机结合、相互补充，丰富功能、提质扩面。有条件的单位可配置专业心理沙盘教具、血压测试仪、压力宣泄沙袋、测试电脑、心理健康检测设备和心理健康类书籍，促进"快乐工作、健康生活"双提升。

2.2.2 丰富"职工心灵驿站"服务功能

开发"心灵驿站"小程序，充分运用企业心灵驿站功能模块，为职工提供"一对一"心理服务。定期举办心理健康专题讲座，开展心理健康宣传、心理测评访谈、团体心理辅导、个体心理咨询、自助心理训练等形式多样、专业实用的心理服务内容，帮助职工缓解身心压力，预防和化解心理危机的发生。心理服务志愿团队深入调研，从员工身边诸多情绪事件中，挑选具有代表性的场景情绪故事，编制《员工情绪管理手册》，帮助员工了解科学有效的心理调适技能和方法，掌握自我宣泄法、换位思考法等简便易行的心理调适方法，及时克服心理压力和情绪障碍。

2.2.3 强化职工心理服务工作的宣传

采取张贴月度海报、心理援助宣讲会、固化心理咨询志愿服务队品牌等形式，强化 EAP 服务宣传，加深员工对于心理援助服务的感知。开发心理舒压包，扩大品牌外延。在职工中广泛开展"幸福故事汇"心灵故事征集活动，凝聚向上向善正能量，让"快乐工作、健康生活、幸福家园"理念深入人心。

2.3 加强班组融合，完善赋能体系，为职工心理服务工作提供良好的智力支持和人才保障

2.3.1 开展"EAP+ 班组"活动

试点开发班组情绪识别工具包，包括三色情绪卡。设计《班组情绪记录表》，按得分情况，判断职工情绪异常的严重和紧急程度，将其分为"绿、黄、红"三色，对三色进行分类处理。如对单维度的、孤立的情绪事件发"绿卡"，反馈给班长并关注。由心理健康专员、情绪观察员通过交谈、疏导，帮助其重建认知。对涉及两个及以上维度的或多频次的情绪

事件发"黄卡"，汇报本单位领导，进行组织谈心谈话。对涉及三个及以上维度或长时间、多频次的情绪事件，或有触发"红卡"行为的，则在报本单位领导的同时，报企业心理咨询志愿服务团队，由团队评估后转介专业机构，进行心理干预和疏导。同时建立该员工情绪记录表，形成心理档案。

2.3.2 提升团队专业能力

对基层班组情绪观察员、基层单位心理健康专员、心理咨询志愿服务团队三级服务网络成员，根据不同岗位职责的要求开展培训。将心理关爱课程纳入基层班组长年度培训内容，提高班组长对员工心理管理的能力和技术。实施心理健康专员"心"能力提升训练营，设定培养方式和考核机制，形成完善健全的心理志愿者服务团队选拔、招募、培训、激励一条龙机制。

2.3.3 加强对职工的人文关怀

借助企业工团委组织，充分发挥工会劳动保护和监督职能，推进职业安全健康和员工健康管理，不断提升职工职业安全感。完善各级职工书屋、文体活动中心、职工小家等配套设施建设，为职工营造一个温馨的工作环境；组织开展丰富多彩的文体活动，鼓励员工培养业余爱好，时刻保持积极阳光的心态。

3. 企业职工心理服务体系建设的初步成效

3.1 职工心理援助工作由"事后灭火"向"事前预防"转变

试点开发应用班组情绪识别工具包、情绪记录表和心理档案，通过对员工情绪异常的及时收集、判断和疏导，将心理异常的关口进行前移，最大限度减少和避免了重大心理异常行为的发生。

3.2 班组心理援助由"心动"变为"行动"

心理援助服务不仅仅是专业心理咨询师的工作，而是需要基层班组人人参与、人人重视的一项基础工作。邀请班组长承担情绪观察员一职，可以收集一线员工的异常心理状况并反馈给心理健康专员，同时将企业已有的心理服务资源推广到职工当中，让班组成员在需要心理健康服务资源时知道如何求助。心理援助服务三级架构体系的建立，不但增强了基层班组对 EAP 的重视，而且提升了班组对员工的情绪管理能力。

3.3 职工心理援助由"主观臆断"趋向"客观判断"

心理服务体系建立以来，真正做到了让员工做自己情绪的掌舵人、让同事做负面情绪的知情人、让组织做调节情绪的贴心人。情绪工具包、情绪卡以及心理档案的建立和应用，为运用大数据分析进行职工思想动态分析奠定了坚实的基础。

企业职工的心理援助服务工作任重道远。一方面，各企业应结合自身实际，不断完善职工心理服务体系，健全服务机制，提升服务效能；另一方面，也需要各级社会心理工作者坚持"长期主义"，通过服务平台建设、情绪工具包的开发、研究建立职工情绪卡的模型和数据库等渠道，帮助企业在建立职工心理服务体系上贡献专业力量。

基于政企志愿服务资源融合的国有企业志愿服务工作模式的探索与实践

费旭玮　李丰　张荟文

摘要：当前，国有企业志愿服务工作面临项目有待深化、激励机制有待完善、制度保障不足等痛点问题。国网湖州供电公司秉持"源于电力 服务社会"的核心理念，依托湖州电力志愿服务中心，通过社会化注册运营，联通企业和社会的志愿服务力量，创新探索基于政企志愿服务资源融合的国有企业志愿服务工作模式，为新时期国有企业志愿服务工作发展提供有力参考，推动国有企业志愿服务的制度化、常态化、品牌化发展。

关键词：国有企业　志愿服务　志愿服务中心

1. 实施背景

党的十八大以来，国家对志愿服务事业高度重视，把推动志愿服务事业发展摆到事关社会主义现代化建设的重要位置。党的二十大报告强调要"完善志愿服务制度和工作体系"。国有企业作为社会的重要构成主体和国民经济的重要组成部分，在开展志愿服务中具有得天独厚的优势和作用。近年来，慈溪市钱海军志愿服务中心、嘉兴志愿服务中心等，都对志愿服务参与度及运作模式进行了探索和实践，为公司志愿服务工作开展提供新思路，拓展新方向。国有企业开展志愿服务工作的探索和实践是推进志愿服务事业高质量发展的必然要求。

2. 主要内容及实施路径

国网湖州供电公司坚持以新时代中国特色社会主义思想为指导，秉持"源于电力 服务社会"的核心理念，依托湖州电力志愿服务中心，创新探索基于政企志愿服务资源融合的国有企业志愿服务工作模式，即通过社会化注册运营，联通企业和社会的志愿服务力量，以"组织化、实体化、社会化、专业化、制度化"为导向，抓牢"价值理念、基础阵地、资源体系、志愿队伍、机制保障"五个关键要素，做到"把方向、筑根基、广延伸、强实施、重运作"，提升公司志愿服务工作专业性。

2.1 组织化驱动，重塑"全方位服务"的价值理念，解决好"方向"的问题

根据企业性质、经营范围和专业技能，以电力作为企业志愿服务文化的核心和出发点，将"源于电力 服务社会"确立为公司志愿服务的价值理念，重塑志愿服务文化。以实物展示、视频影像、道具互动等方式，在志愿服务中心全面回顾湖州电力志愿服务发展概况，以综合荣誉、项目荣誉、个人荣誉三个维度，积极选树先进典型。利用主流媒体、微信公众号、公益广告等平台，全方位宣传湖州电力志愿服务理念，推出公益宣传片、志愿故事汇编等。

2.2 实体化拉动，筑牢"全要素集成"的基础阵地，解决好"根基"的问题

2.2.1 打造固定阵地，做到"使用"和"展示"互融共通

遴选面积600平方米的独立空间，重构物理布局，设置项目交流区、教育培训区、活动路演区等功能区块，满足志愿服务日常工作需求。积极发挥湖州电力志愿服务中心阵地教育学习、培训教学等功能，并与教育局、湖州志愿者联合会等加强合作，提升阵地使用频率，激发阵地活力。

截至目前，已完成系统内外参观学习 320 余人次。

2.2.2 优化人力资源，做到"专业"和"志愿"相辅相成

下发《国网湖州供电公司关于成立湖州电力志愿服务中心的通知》（湖电党建〔2023〕116 号），明确中心机构设置及职能。配置专职中心主任（兼办公室主任）1 名，下辖志愿者服务岗、品牌宣传岗、社工组织岗 3 名常驻专职和财务岗 1 名非常驻专职。

2.3 社会化联动，构建"全领域统筹"的资源体系，解决好"延伸"的问题

2.3.1 充分调动企业资源，擦亮"金色名片"

发动红船党员服务队、工会服务队、志愿服务队等各专业的志愿服务队伍，分领域、分对象开展志愿服务工作，拓宽服务能级。动员不同专长的企业员工加入志愿服务队伍，壮大志愿服务队伍。发挥电力专业优势及属地化覆盖优势，拓展志愿服务范围及供给维度，深化志愿服务专业水平。

2.3.2 有效整合政府资源，缔结"良性纽带"

湖州电力志愿服务中心作为志愿服务唯一"官方窗口"，以市文明办为业务主管单位，联动团市委、妇联、红十字会等志愿服务管理机构，深度参与各机构文明交通劝导、文明实践等工作，形成"开放共享"的工作模式。充分发挥政府资源优势，通过承接政府应急救护队伍培训、社区志愿者驻点、大型会议碳中和等购买项目，给予企业志愿服务支持，扩大公司志愿服务工作在社会各领域的影响力。

2.4 专业化推动，形成"全地域覆盖"的志愿队伍，解决好"实施"的问题

2.4.1 "链条式"推进，完善"四级"志愿服务队伍管理体系

构建公司领导—党建部（团委）—志愿服务中心—县区公司、直属单位各支志愿服务队伍的管理链条，形成以湖州电力志愿服务中心为核心，

以各大品牌志愿服务队伍为延伸，以县区公司、直属单位常规志愿服务队伍为节点的志愿组织体系，形成"电力志愿全覆盖服务圈"。

2.4.2 "圈层式"发展，优化"1+3+N"志愿服务队伍运作体系

"1"指打造湖州电力志愿服务中心。以湖州电力志愿服务中心为核心，推动各项工作有序运作。"3"指建设三支志愿服务品牌队伍。延续传承以吴克忠为核心的"电亮万家"志愿服务队、以闵华为核心的"'救'在身边"志愿服务队和以崔晓为核心的"四叶草"志愿服务队。"N"指培育孵化更多有特色、有亮点的志愿服务项目。紧盯乡村振兴、助老助残、电力科普等服务领域，培育"星星牵手""与电共成长"等志愿服务项目。

2.5 制度化促动，强化"全过程赋能"的机制保障，解决好"运作"的问题

2.5.1 知行融合，探索培训赋能机制

建立专业化、阶梯式培养模式，通过自主报名、定向推荐等方式综合遴选一批"项目带头人"，开展"'救'在身边"新老员工见面会、"碳达人"招募会等互动培训 6 次，覆盖志愿者 90 余人。开展志愿服务组织者成长工作坊，对项目带头人开展生命教育课程、团队管理课程、应急救援课程及志愿服务规章制度培训，将该中心的集中培训与现实场景培训、社会调研和实践锻炼、学员论坛和研讨交流等相结合，形成"体验—理论—实践—反思—提升"的闭环。

2.5.2 供需嵌合，创新项目培育机制

发布《助力"加快打造'六个新湖州'高水平建设生态文明典范城市"湖州电力志愿服务活动月》行动方案，打造"126"志愿服务月推进模式，实施六大行动 20 项具体服务内容，全面延伸服务领域及范围。聚焦志愿服务项目规划、项目实施、项目评估、项目推广四大关键阶段，把控培育目的（Purpose）、培育对象（People）、培育模式（Pattern）、学习过程（Process）、产品输出（Product）五大核心环节 20 余项要素，逐

步推进志愿服务项目有序培育，打造志愿服务项目品牌。

3. 推进成效

3.1 在个人层面，激发服务热情，营造"奉献、有爱、互助、进步"的志愿服务文化风尚

编发《湖州电力志愿服务专刊》，共推出优秀志愿者代表 10 余人，拍摄宣传微电影 4 部，撰写志愿者服务故事集 6 篇。对新招募的志愿者进行兴趣、专业、领域定位，借助对志愿者的素质培训和专业技能培训，优化培训内容的实用性和方式的多元有趣性，提升志愿者能力、志愿服务组织专业性和凝聚力。

3.2 在企业层面，持续开放创新，孵化"有想法、有特色、有成效"的志愿服务品牌项目

频频收获上级肯定，中国红十字会党组织书记、常务副会长王可调研湖州电力志愿服务中心，肯定公司志愿服务工作。公司志愿服务工作入选省电力公司值班报告、《每日要情》，获国网公司领导庞骁刚批示肯定。品牌项目有序推进。截至 2023 年年底，已孵化"与电共成长""碳小青"等 8 个志愿服务项目，组织开展志愿服务活动 50 余场次，参与人次 1400 余人，累计受益 3 万余人次。

3.3 在社会层面，坚持多方协同，形成"我为人人、人人为我"的志愿服务全民合力

与市总工会等 6 个市级部门联动，在湖州电力志愿服务中心挂牌成立市总工会职工志愿服务指导中心、市红十字会应急救护培训工作室、团市委"湖小青"志愿者线下联络站等市级阵地，陆续获评浙江省志愿服务工作突出贡献个人，湖州红十字奉献单位奖章、新时代文明实践家园志愿基地、最美志愿服务工作者、最美志愿服务爱心单位等荣誉称号。共受邀参加湖州市慈善嘉年华、"3·5"学雷锋主题日等市级志愿服务活动 10 余

次，并吸引社会志愿力量加入。

4. 结语

该公司以政企志愿服务资源融合为核心理念，通过社会化注册运营，以"组织化、实体化、社会化、专业化、制度化"为导向，抓牢"价值理念、基础阵地、资源体系、志愿队伍、机制保障"五个关键要素，从新时期国有企业志愿服务工作模式探索出发，构建了多种模式激发志愿者活力，效益显著，对其他单位提升志愿服务工作专业性具有较高的参考价值。

以提质增效为目标的有源配网调控数智化管理提升与实践

朱昊　吴云飞　陈永波

摘要： 近年来，在省、市公司统筹指导下，长兴公司紧紧围绕"适应新型电力系统建设、推进有源配网数智化转型"目标，全面构建"N+1"有源配网调控管理新模式，从夯实配网图模基础、提升配网抢修能力、深化配电自动化应用、加强光储一体建设、创新数智应用等多方面入手，不断巩固和加快有源配网数智化建设成果，打造长兴公司配电网调度管控新模式，全面落实省、市公司配网数智化转型重点工作部署。

关键词： 提质增效　有源配网　数智化　调控　配电自动化

1. 实施背景

1.1 国家能源变革发展的时代要求

党的二十大报告强调"积极稳妥推进碳达峰碳中和""深入推进能源革命""加快规划建设新型能源体系"。推进能源革命、实现碳达峰碳中和目标，主要面临三大挑战：一是保障能源电力安全稳定。需充分发挥电网配置资源平台作用。二是优化完善电网格局。加快建设灵活电网，强化源网荷储互动，切实提升系统综合调节能力。三是支撑清洁低碳发展。目前，国网经营区域内新能源大规模并网后将呈现"双高""双峰"特征，保障电网的安全、稳定以及提升资源配置能力，是国网公司面临的重大挑战。

1.2 国网公司战略目标的现实需要

国网公司作为关系国家能源安全和国民经济命脉的大国重器，提出以"一体四翼"高质量发展全面推进具有中国特色国际领先的能源互联网企业建设。在新形势、新要求、新任务下，浙江公司适应"两个示范"建设需要，着力构建新型电力系统，统筹电网协调发展，推动建设新型能源体系，发挥数字牵引效能，实现源网荷储协调发展，以数字化牵引建设新型调度体系，推动调度管理和技术再上新台阶势在必行。

1.3 配网调控转型发展的科学选择

当前，配网调度对象呈现多元、多样、多变的特征，配网安全运行的难度加大，是目前配网调控管理面临的新问题。近年来，长兴公司积极贯彻省、市公司电网发展理念，探索有源配网调控管理等方面工作，以适应新型电力系统建设需要。目前，已初步形成基于"本质安全、全景感知、抢修协同、数智应用"为一体的新型配网调控体系，对于应对各类电网紧急状况以及日益严峻的保供电形势具有重要意义。

2. 主要做法

近年来，长兴公司以问题为导向，从配网图模基础治理、配网抢修能力建设、配电自动化应用升级、光储一体并网管理、创新配网数智应用等多方面入手，全面推进有源配网调控数智化建设。

2.1 夯实配网图模建设，提升配网安全运行水平

为解决配网"盲调"问题，切实提升配网调控精益化管理水平。基于PMS3.0系统、配电自动化系统（以下简称 "D5200"）等开发配网图模功能模块，充分利用日常工作校核配网图模质量，推动配网调度图模与现场设备"图物相符、状态一致"，构建配网图模异动反校机制，通过配网开关有效感知率、配网图模实用化覆盖率等指标，反校配网图模源端套件维

护质量，以管促建，实现配网图模异动的同质管理，做到配网调度准确高效、有据可依，全面提升配网安全运行水平（见图1）。

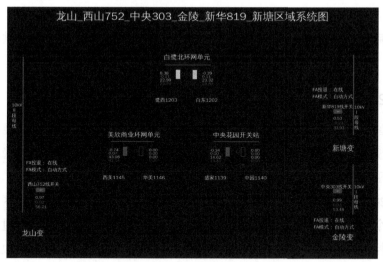

图1　配电自动化系统站间联络示意

2.2　强化配电自动化建设，推动配网抢修转型升级

长兴公司配电自动化建设发展迅速，已初步实现关键节点全覆盖，基本实现台区全景监测、故障精准研判、感知能力延伸等功能，构建起一套"全链感知、业务融合、多端协同、智能决策"的配网协同抢修新模式，推动配网调控管理转型升级（见图2）。

图2　配网自动化建设现场

针对不同类型故障制定相应的协同指挥流程，强化专业协同，压缩管理链条，以"发现故障—故障处置—流程归档"为原则，开展配电自动化系统深度应用，制定协同流程三大项、六小项，充分利用配电自动化系统故障研判信息，快速锁定故障区域，大幅提升故障抢修效率与供电可靠性。

2.3　试点开展光储项目，综合提升用电服务水平

首先，稳步推进光储微网试点工程建设，助力乡村特色农业经济发展。投运后的微网，通过光储实时调节，起到增加台区功率容量、稳定用户电压的作用，有效缓解台区用电不稳定问题，满足百姓用好电需求。

2021年4月23日，位于长兴县吕山乡的中节能渔农光互补园区，长兴首个光储微电网试点项目正式投运。建成后的光储智能微网，通过电能质量控制策略，在光照充足时，优先使用光伏供电，多余电能进行收集，且自动监测首末端电压及负荷，储能自动参与电压调节补偿。与传统配网改造相比，具有投资小，运维压力低，用电清洁等优势（见图3）。

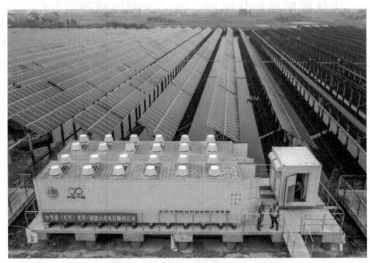

图3　"光伏＋储能"场景

其次，积极探索新能源配储方案，鼓励新能源项目按照发电装机容量10%的标准配置储能，以提高配网对光伏的消纳能力。促成超威电源集团郎山储能等项目投运，目前，长兴已经完成用户侧储能投资建设15户，储能容量630兆瓦时，充放电功率达65兆瓦，充分发挥储能在新能源并

网和消纳中的作用（见图4）。

图4　超威电源35千伏郎山储能电站

2.4　开展光伏承载力分析，提升配网光伏管理水平

充分挖掘配网运行数据价值潜力，定时自动采集配网运行数据并计算光伏可接入容量，实现短时间大范围建立电网实时承载力分析模型，创新构建配网分布式光伏可开放容量"三色管理区"，从行政区域层面归类统计，对光伏可承载容量赋绿、黄、红。三色分别代表该区域光伏可承载能力充裕、适中、紧张。通过该接入容量测算模型，有效减少了手动计算的工作量，降低了数据处理出错率（见图5）。

图5　可再生能源电站现场服务

2.5 研发智能分析平台，提升配网调控数智水平

为进一步提升配网调控数智化水平，通过融合多源数据，研发了一款有源配网运行方式优化平台，平台集成了潮流数据可视化、转供电方案生成、配网方式可视化等功能；同时基于有源配网运行方式优化平台，孵化衍生助手软件，如负荷转供助手，辅助生成变电站全站转供表，大大减轻了调控员日常工作压力。

通过深入挖掘营配调基础数据，自主研发配网单相接地分析平台，从配网模型、线路拓扑、无功数据、小电流选线信息、故指及配变信息多视角聚类单相接地故障特征，辅助研判接地线路，精准定位线路故障点，最大限度减少拉路对用户及新能源影响。

3. 效果

近年来，长兴公司通过对有源配网调控管理工作方面的探索与实践，数字化程度取得突破性进展、调管体系日趋完善、运行质效逐年提升，初步实现从"传统调度"到"数智调度"的转变。

3.1 配网调控能力明显增强

通过加强配网图模质量管控，有效提升配网设备全量感知能力，帮助调度员有效掌握配网运行方式以及设备状态，摆脱调度员"盲调"困境，有效保障配网调度更精准、更全面，进一步提升调度员对配网实际运行情况的掌握程度；构建形成"快速响应、统一指挥、高效协同"的配网一体化协同抢修指挥模式，深入开展配电自动化系统与配电监测系统应用，做到总指挥长对故障抢修无死角指挥，全方位提升调控精益化管理水平，全面强化配网调控本质安全。

3.2 企业经济效益显著提升

通过不断巩固和加快有源配网数智化建设成果，打造配网调度管控新模式。2023 年度，长兴公司供电可靠率达 99.99%，同比 2022 年提升 0.001个百分点，用户平均停电次数 0.4772，同比下降 34.72%，有效提升长兴

地区用户供电服务感知，按照压降时户数、每台变压器平均功率为100kW计算，较2022年平均可增供电量12万千瓦时，以每度电平均产生8元的GDP，增供电量创造的价值在35万元以上，创造了显著的社会效益。

3.3 配网数字水平全面升级

通过参与数字创新应用工作，推进配网数字融合应用，促成配网数字水平全面升级。一是通过有源配网数据价值应用，构建柔性调管新模式，开发新能源预测辅助软件，提升新能源负荷预测准确率，成果获浙江省电力行业协会典型经验三等奖、湖州市电力行业青工数据创新应用二等奖；二是研发有源配网运行方式优化平台，快速提高运方人员对电网中重满载主变、线路的方式快速调整优化，成果获得湖州供电公司数据价值挖掘竞赛一等奖；三是单相接地分析平台成果已在全市推广应用，省电科院将该成果应用到智慧配网数字孪生平台，提升全省单相接地处置效率。

考虑需求侧资源的主动配电网双层故障恢复策略

孙易洲

摘要： 针对配电网需求侧资源存在时变性，且存在动态抢修资源与故障恢复过程相互影响制约的问题，提出一种考虑需求侧资源的主动配电网双层故障恢复策略。该策略中，上层模型构建最大化保障重要失电负荷的新网络拓扑，下层模型构建最小化失电损失的应急电源车调度方案。最后通过对修正的 IEEE33 配电网节点系统进行算力分析，对所提方法进行验证，得到实现全部负荷恢复和阶段性降低经济损失的综合故障恢复策略。

关键词： 需求侧资源　主动配电网　故障恢复　应急电源车

在传统配电网故障恢复方法上充分利用本地资源制定与调整自愈策略，是提升恢复能力的有效方法。文献考虑了孤岛参与的故障恢复方法，文献进一步考虑了资源时变性，同时文献也考虑了负荷灵活投切。但上述文献存在两个问题：一是配网运行人员通常为快速恢复重要负荷制定理想恢复预案，但在突发性故障发生后用电需求通常会变化，故障恢复应是动态的过程。二是未考虑抢修资源对恢复过程的影响，本地抢修资源与故障恢复过程相互独立但又相互影响。

针对问题一，文献建立了日负荷模型，文献进一步预测光伏、风机功率，指导制定恢复策略。针对问题二，有研究提出建立配网故障应急抢修模型。

本文提出一种考虑需求侧资源的主动配电网双层故障恢复策略。上层模型构建重要负荷保障最大化的新网络拓扑，下层模型构建失电损失最小化的应急电源车调度方案，双层模型通过改进遗传算法求解，并结合IEEE33 系统进行方法验证，得到综合故障恢复策略。

1. 负荷恢复模型

1.1 上层供电恢复模型

上层模型的优化目标为构建转供能力更强的网络结构。

1.1.1 上层模型目标函数

$$\max F_1 = \sum_{i=1}^{N_{nodes}} \omega_i P_{i,t} \tag{1-1}$$

式（1-1）中	N_{nodes}	——	配电网总负荷节点数
	ω_i	——	第 i 个节点负荷的重要度权重
	$P_{i,t}$	——	第 i 个节点在 t 时刻恢复的负荷量

1.1.2 上层模型约束条件

（1）辐射状拓扑约束

$$g \in G \tag{1-2}$$

式（1-2）中	g	——	配电网结构
	G	——	配电网辐射状结构集合

（2）潮流约束

$$P_{i,t} - U_{i,t} \sum_{j=1}^{N_L} U_{j,t} (G_{ij} \cos \delta_{ij} + B_{ij} \sin \delta_{ij}) = 0 \tag{1-3}$$

$$Q_{i,t} - U_{i,t} \sum_{j=1}^{N_L} U_{j,t}(G_{ij}\sin\delta_{ij} - B_{ij}\cos\delta_{ij}) = 0 \qquad (1\text{-}4)$$

式（1-3）、式（1-4）中	$P_{i,t}$	——	节点 i 在 t 时刻注入的有功功率
	$Q_{i,t}$	——	节点 i 在 t 时刻注入的无功功率
	$U_{i,t}$	——	节点 i 在 t 时刻的电压幅值
	G_{ij}	——	节点 i 与节点 j 相连支路的电导
	B_{ij}	——	节点 i 与节点 j 相连支路的电纳
	δ_{ij}	——	节点 i 与节点 j 的相角差

（3）支路电流约束

$$I_{Lk} \le I_{Lk\max}, \quad k = 1, 2, \cdots, N_L \qquad (1\text{-}5)$$

式（1-5）中	$I_{Lk\max}$	——	支路 k 允许流过的电流幅值

（4）节点电压约束

$$U_{i\min} \le U_{i,t} \le U_{i\max}, \quad i = 1, 2, \cdots, N_{nodes} \qquad (1\text{-}6)$$

式（1-6）中	$U_{i\min}$	——	节点 i 电压下限
	$U_{i\max}$	——	节点 i 电压上限

（5）分布式电源出力约束

$$P_{DGi,t}^{\min} \le P_{DGi,t} \le P_{DGi,t}^{\max}, \quad i = 1, 2, \cdots, N_{DGs} \qquad (1\text{-}7)$$

式（1-7）中	$P_{DGi,t}^{\min}$	——	节点 i 上并网 DG 在 t 时刻的有功功率下限
	$P_{DGi,t}^{\max}$	——	节点 i 上并网 DG 在 t 时刻的有功功率上限
	$P_{DGi,t}$	——	节点 i 上并网 DG 在 t 时刻的有功功率

（6）用户供电满意度约束

$$S_{users} = (1 - \frac{\sum_{i=1}^{N_{nodes}} (1-x_{i,t})\omega_i P_{i,t}}{\sum_{i=1}^{N_{nodes}} \omega_i P_{i,t}}) \times 100\% \geqslant S_{users}^{\min} \qquad （1-8）$$

式（1-8）中	S_{users}	——	用户供电满意度
	$S_{users}^{\min}$	——	用户最低供电满意度

1.2 下层应急调度模型

下层应急调度模型的优化目标为失电损失最小化。

1.2.1 下层模型目标函数

$$\min F_2 = \sum_{i=1}^{N_{nodes}} \omega_i \varepsilon_i T_i P_{loss,i,t} \qquad （1-9）$$

式（1-9）中	ε_i	——	第 i 个节点单位时间失电负荷损失系数
	T_i	——	第 i 个节点失电负荷的停电时长
	$P_{loss,i,t}$	——	第 i 个节点 t 时刻失电负荷大小

系统总停电时间 T_Σ 可表示为

$$T_{\Sigma} = \sum_{i=1}^{N_{nodes}} T_i = T_s + \sum_{i=1}^{N_{nodes}} T_{ki} \tag{1-10}$$

式（1-10）中	T_s	——	应急电源车的总行驶时长
	T_{ki}	——	应急电源车在节点 i 上的供电时长

1.2.2　下层模型约束条件

同式（1-3）~（1-6），另有：

（1）可控负荷约束

$$P_{cut,i,t} \leq \eta_i P_{i,t} \tag{1-11}$$

式（1-11）中	$P_{cut,i,t}$	——	节点 i 于 t 时刻切除的负荷
	η_i	——	节点 i 的可控负荷占比，$0 \leq \eta_i \leq 1$

（2）动态调度资源约束

$$R_t \leq R_{\Sigma} \tag{1-12}$$

$$P_{EV,i,t} \geq \Delta P_{i,t} \tag{1-13}$$

式（1-12）、式（1-13）中	R_t	——	t 时刻配电网内参与故障恢复的动态调度资源总量
	R_{Σ}	——	配电网总调度资源量
	$P_{EV,i,t}$	——	应急电源车 t 时刻第 i 个节点输出功率
	$\Delta P_{i,t}$	——	第 i 个节点在 t 时刻负荷需求

2. 负荷恢复模型求解策略（见图1）

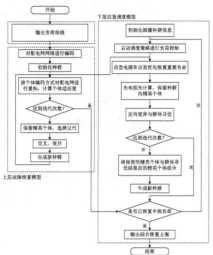

图 1　负荷恢复模型求解流程

3. 算力分析

3.1　配电网算力模型（见图2、表3）

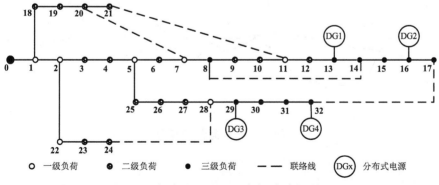

图 2　改进的 IEEE33 节点系统拓扑

表 1　各节点负荷类型

节点类型	节点序号	是否可控
一级负荷	1，2，5，7，11，22，28	否
二级负荷	3，4，6，9，10，12，18，19，20，21，23，24，25，26，27	是
三级负荷	8，13，14，15，16，17，29，30，31，32	是

表 2　分布式电源并网情况

并网节点	分布式电源类型	并网容量 /kW
13，16	风力发电	300
29，32	光伏发电	200

设该配电网内有一配置两辆应急电源车的供电所，位于节点 7，电源车信息如表 3 所示。

表 3　应急电源车配置情况

电源车序号	电源车容量 /kW
S1	400
S2	300

3.2　负荷曲线模型

日负荷预测模型如图 3 所示。

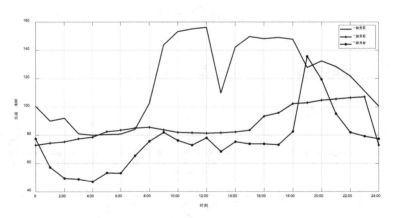

图 3　日负荷预测模型

4. 场景分析

假设分布式电源可通过装置实现恒定出力。三类负荷权重系数为 1、0.5、0.1，用户最低供电满意度 S_{users}^{min} =95%，节点 i 的单位时间失电负荷损失系数 ε_i =6.72 元 /（kW·min），节点 i 的可控负荷占比 η_i 三级负荷为 1，二级负荷为 0.2，一级负荷不可控。三级负荷电源车供电时长 1h，二级负荷为 2h，电源车平均移动速度为 40km/h，最长连续工作时间 12h/ 辆。

4.1 场景一

故障时刻为 10:00，线路 7-8 发生永久性故障，失电负荷 751.75kW（见表 4）。

表 4 场景一恢复方案

支路情况	编号
故障支路	7-8
断开支路	13-14，25-26
闭合支路	8-14，11-21，24-28

总支路操作数为 5，若不考虑开关动作时间，则此情况下通过上层模型求解即可恢复全部负荷。

4.2 场景二

故障时刻为 6:00，线路 1-2 发生永久性故障，失电负荷 1356.67kW（见表 5~ 表 8）。

表 5 场景二上层模型供电恢复方案

支路情况	编号
故障支路	1-2
断开支路	9-10，11-12，14-15，5-25
闭合支路	7-20，8-14，11-21，17-32，24-28

表 6 场景二下层模型负荷控制方案

节点负荷控制情况	节点编号	节点负荷等级
全部切除	13，15，16，17	三级负荷
部分切除（14.2%）	25，26	二级负荷

表 7 场景二下层模型应急调度方案

电源车序号	供电路径	供电时长
S1	7–25–13–15	4.32h
S2	7–26–16–17	4.41h

表 8 场景二综合恢复方案评价指标

指标名称	指标值
上层模型恢复方案用户满意度	97.72%
下层模型应急供电方案最大时长	4.41h
应急电源车（S1，S2）总运行时长	9.28h
总经济损失	1.26 万元

总支路操作数为 9，总切负荷量为 123.93kW。

4.3 场景三

故障时刻为 10:00，线路 1–2 发生永久性故障，失电负荷 2510.50kW，共有六个一级负荷节点失电（见表 9~ 表 12）。

表 9 场景三上层模型供电恢复方案

支路情况	编号
故障支路	1–2
断开支路	8–9，12–13，15–16，27–28
闭合支路	7–20，8–14，11–21，17–32，24–28

表 10 场景三下层模型负荷控制方案

节点负荷控制情况	节点编号	节点负荷等级
全部切除	13，14，16，17，29，32	三级负荷
部分切除（17.6%）	12，26	二级负荷
部分切除（20%）	9，27	二级负荷

表 11　场景三下层模型应急调度方案

电源车序号	供电路径	供电时长
S1	7–9–12–13–14–16	7.29h
S2	7–27–26–29–32–17	7.82h

表 12　场景三综合恢复方案评价指标

指标名称	指标值
上层模型恢复方案用户满意度	96.22%
下层模型应急供电方案最大时长	7.82h
应急电源车（S1，S2）总运行时长	15.73h
总经济损失	8.06 万元

总支路操作数为 9，总切负荷量为 375.20kW，系统最低电压 0.9036 p.u.，接近电压下限，在此严重故障情况下，通过切除可控负荷、最大化利用分布式电源及配电网抢修资源，可实现恢复全部负荷、降低经济损失的效果。

5. 运维管理提升措施

将本文提出的方案结合实际生产情况，提出以下运维管理提升措施：

（1）加快分布式电源并网研究。针对配电网分布式电源展开柔性并网、全量上网等技术研究，拓展恢复策略制定方向，提升主动配电网局部供电能力与就地故障恢复能力。

（2）加强网架改造工程。针对设备薄弱、转供能力差等导致网架恢复效率低下的问题，开展改造工程，新建适当分段、联络点，确保故障发生后实现有效隔离和负荷转供。

（3）推进配电网自动化建设。针对线路分段开关、联络开关、分布式电源上网关口开关等节点开展"三遥"功能提升，加强配电网关键节点"感知＋遥控"能力，提升故障恢复、运维检修效率。

（4）补强供电所应急抢修配置。针对抢修效率与供电可靠性的要求，研究供电所应急资源合理配置模式，将有限的抢修资源最优化分布，实现提质增效。

（5）提升负荷调控能力。针对主动配电网内存在的可控负荷，开展动态监控、合理调控措施，建立配电网常态化负荷管控机制，具备应对突发事件的高效主动反应能力。

6. 小结

本文提出的负荷恢复方案，将配电网网络拓扑重构与抢修资源、分布式电源资源的调度方式相结合，通过构建的上下层模型进行求解，能够实现故障后负荷阶段性优化恢复、经济损失最小化控制的恢复效果，解决了配电网本地抢修资源动态参与恢复过程的问题。此外，在本文基础上研究配电网多故障情况下的恢复方案，将进一步完善本文方案。

参考文献

[1] 刘坤，赵丽萍，李建萍，等. 考虑开关状态集调整的含光伏并网配电网动态故障恢复方法 [J]. 电力系统保护与控制，2021，49（1）：24-31.

[2] 赵静翔，牛焕娜，王钰竹. 基于信息熵时段划分的主动配电网动态重构 [J]. 电网技术，2017，41（2）：402-408.

[3] 景皓，贾伯岩，李小玉，等. 考虑节点电价机制的主动配电网两阶段动态故障恢复方法 [J]. 电力系统保护与控制，2020，48（20）：29-37.

[4] 汤旻安，张凯越，许希元. 基于启发式规则与 AHP-CRITIC 算法的配电网故障恢复策略 [J]. 电力系统保护与控制，2020，48（14）：1-9.

[5] 陈玮，丁筱，施云辉，等. 考虑双向耦合的电 - 气综合能源系统时序故障恢复方法 [J]. 电力自动化设备，2019，39（8）：86-94.

[6] 杨丽君，高鹏，王伟浩，等. 考虑时间尺度的配电网故障恢复方法研究 [J]. 太阳能学报，2021，42（1）：453-459.

[7] 刘宗歧，鲍巧敏，孙春山，等. 基于改进 Kruskal 算法的含分布式发电的配网孤岛划分算法 [J]. 电工技术学报，2013，28（9）：164-171.

[8] 赵渊，何媛，宿晓岚，等. 分布式电源对配网可靠性的影响及优化

配置 [J]. 电力自动化设备，2014，34（9）：13-20.

[9] 刘文霞，李校莹，王佳伟，等 . 考虑需求侧资源的主动配电网故障多阶段恢复方法 [J]. 电力建设，2017，38（11）：64-72.

[10] 刘文霞，王荣杰，刘鑫，等 . 柔性配电系统故障区间鲁棒优化恢复 [J]. 中国电机工程学报，2020，40（12）：3897-3907.

[11] 高兆丽，胥明凯，丁素英，等 . 基于改进人工蜂群算法的配电网多点故障应急抢修优化调度 [J]. 电力系统保护与控制，2019，47（13）：107-114.

[12] 陈广宇，柳慧琴，邱文祥，等 . 基于适应度的配电网多故障抢修任务分配策略 [J]. 电力自动化设备，2014，34（11）：67-74.

[13] 卢志刚，王克胜 . 基于多代理方法的配电网故障应急抢修调度 [J]. 电网技术，2013，37（1）：137-143.

[14] 李学平，卢志刚，刘照拯，等 . 含分布式电源的配电网多故障抢修的多代理策略研究 [J]. 电工技术学报，2013，28（8）：48-55.

关于湖州光伏新能源项目高质量发展的对策建议

俞百兴　　仇川

摘要： 十年来湖州光伏新能源项目经过了初步启动、全面推进、高质量发展三个阶段，出现了资源稀缺、长期质量、政策落实、服务局限等问题，新时期提出从强化政策引导上统筹资金支持、推进公平竞争、严格强制政策，从强化资源配置上源头供地把控、存量屋顶提升、地面有序实施，从强化规范管理上事前立规、事中监管、事后应用，从强化项目融合上促进集群融合、基础设施网络、建筑光伏一体化，从强化服务保障上建设智慧大脑、服务提效行动、电费委托服务等相关对策建议，为新能源项目高质量发展提供参考。

关键词： 光伏新能源　高质量发展　对策建议

湖州是省政府批准设立的绿色低碳创新综合改革试验区，在国家"碳达峰、碳中和"背景下，全市光伏新能源项目的高质量发展将更凸显其重要性。本文就湖州光伏新能源项目发展的政策历程、发展现状、存在问题作一阐述，并提出相关对策建议，以供阅研。

1. 发展现状

在 2013 年国发〔2013〕24 号文、浙政办发〔2013〕49 号文两个纲领性文件推动下，10 年来湖州光伏新能源项目发展迅猛，全省处于领先地位。截至 2023 年年底，累计建成并网光伏新能源项目 3712 兆瓦，其中：

地面电站 744 兆瓦，屋顶分布式 2968 兆瓦。

湖州光伏新能源项目的十年发展历程，经过了三个阶段：①初步启动期（2014~2016 年）：湖政办发〔2014〕53 号文按装机容量 50 万元／兆瓦和实际发电量 0.18 元／千瓦时补贴，同时连续 3 年全市一批地面集中式光伏电站列入省建设计划并相继建成并网。②全面推进期（2017~2020 年）：在全省地级市中首个出台家庭屋顶光伏工程建设专项政策（湖政办发〔2016〕110 号），经信、住建部门同步推进制造业屋顶、民用公共建筑屋顶光伏，地面光伏电站基本停滞，其间，工商业屋顶和家庭光伏作为主力，实现了平稳发展。③高质量发展期（2021 年至今）：2021 年全市各县区启动光伏"整县（区）推进"，民企、央企、国网和市县区城投、产投、各乡镇平台公司等国资体系，全部参与光伏新能源项目投资建设，实现了"十四五"光伏新能源项目建设的良好开局（2021~2023 年全市分别建成并网 197 兆瓦、632 兆瓦、712 兆瓦）。

2. 存在问题

2.1 源头上有效资源的稀缺性

作为全市总量占比 80% 的屋顶光伏，适宜项目建设的存量工商业屋顶越来越少，土地资源限制新增量也不多，政府部门对民用建筑、工商业建筑屋顶节能验收要求的光伏安装面积标准普遍较低，对全市装机目标完成预期带来严重制约。

2.2 实施中项目质量的长期性

"十三五"期间作为省、市十大为民办实事项目之一的家庭光伏，出现了中小安装商倒闭、收益无保障、贷款无法归还、个别群体性上访等问题；追求成本最低化，部分企业项目无资质安装、缺日常巡检，甚至出现火灾险情，在长达 25 年的电站使用寿命周期内未来的安全运营隐患极大。

2.3 政策上推进落实的障碍性

市级层面从 2019 年年底至今已出现了较长政策空档期；部分区县、乡镇的光伏项目出现强制行政命令垄断、非市场化竞争、非法设置前置条件人为阻碍备案；夏季"能源双控"拉闸限电，采取"一刀切"限电做法，对不占用用电能耗总量已安装光伏的企业合理用电未予保障，影响了光伏安装积极性。

2.4 把控上地面电站的有序性

作为全市总量占比 20% 的集中式地面电站，缺乏投资商门槛准入、相对粗放管理，"十三五"期间全市 10 多个项目上马，个别项目违规占用耕地问题产生了不良影响，在国土资规〔2017〕8 号文件明确支持情况下，湖州已停滞了 6 年，而其他 10 个地市复合型地面电站在积极稳妥中得到了有序发展。

2.5 条件上配套服务的局限性

部分企业虽想实施屋顶光伏项目，却受限于外围基础设施线路光伏已接满、线路负荷总量不足；电力设计院电力接入方案由于人手少，项目方案的完成从半个月到两个月不等，影响了项目深化设计、建设并网；部分用电企业拖欠电费支付，光伏投资企业与国网缺少授权强制拉电的有效合作机制。

3. 对策建议

3.1 强化政策引导

（1）统筹资金支持。合理统筹全市高质量发展工发、农发、文旅、住建、交通等资金，建立双碳发展专项统筹资金，参照北京政策，对工商业厂房类、公共建筑类、光伏集体经济强村类、复合型集中地面类、光伏建筑一体化应用类等，分类予以合理支持。

（2）推进公平竞争。政府积极营造充分市场化的良好投资环境，围绕全市"双碳"目标实现，各县区屋顶资源面向所有合格投资者开放，不违反国家能源局"五个不"禁令，将光伏新能源项目迅速转化为全市绿色能源实际产能。

（3）严格强制政策。严格执行住建部强制性国标《建筑节能与可再生能源利用通用规范》，落实"双碳"主体责任，细化湖州操作规程，按"宜建尽建"要求，原则上工商业屋顶节能验收全覆盖实施屋顶光伏，民用公建项目大力提高节能验收光伏安装面积比例标准。

3.2 强化资源配置

（1）源头把控。在全市层面将工商业屋顶光伏应用作为"标准地"准入条件，按每年1万亩工业供地、52%建筑密度指标，全市每年新供地屋顶光伏可新增500兆瓦，屋顶光伏开发与厂房建设同步规划、同步建设、同步验收、同步运营，在源头上从招商引资投资供地协议、项目备案投资内容、设计阶段屋顶荷载、能耗审批变压器容量，足额配置光伏新能源项目。

（2）存量提升。根据旧厂房改造、低效地块开发等，存量企业经政府批准可允许适当提高容积率，改造新建厂房屋顶必须无条件实施光伏发电项目；对存量高能耗、高耗电企业，引导通过屋顶改造、加固、荷载安全复核后实施屋顶光伏项目，降低将来的碳交易支出。

（3）有序把控。按照国家《关于开展风电和光伏发电资源普查试点工作的通知》，以浙江省列全国试点契机，全市深入调查摸底，坚持集中式与分布式发展并重，按照统一规划、合理布局、资源集约原则，对符合自然资源部《关于支持光伏发电产业发展规范用地管理有关工作的通知》中非耕地、农业设施用地的农业大棚＋光伏等，落实有实力的市场主体按规范要求有序实施。

3.3 强化规范管理

（1）事前立规。按照"先立后破"原则，结合《安吉县分布式光伏发电项目管理办法》，对屋顶分布式、地面集中式、农业大棚＋光伏等不同情况，在全市层面从标准、资质、安全、违建认定等系统规范出台市级光伏项目管理细则，新建工商业屋顶能耗审批试点光伏安装承诺制，屋顶光伏并网发电后对房建、节能由部门联合组织验收。

（2）事中监管。重点加强光伏建设单位管理，严格落实《电力建设工程施工安全监督管理办法》国家发改委第 28 号令要求，光伏发电建设工程必须具有相应资质的单位建设，人员应具备相应资格，在全市明确无资质单位一律不得承接光伏发电建设工程、一律不予并网验收，确保今后长远 25 年光伏发电生命周期的质量和安全。

（3）事后应用。凡企业安装光伏、使用光伏绿色电力的，在年度能耗总量中直接抵扣，在能耗审批中优先予以支持；凡按屋顶或变压器容量足额安装光伏发电的企业，在用电高峰拉闸限电期间优先保障用电，使用光伏绿电不列入限电基数；凡企业安装屋顶光伏的优先评选绿色工厂、绿色车间，实行光伏绿电纳入绿色工厂评价体系。

3.4 强化项目融合

（1）高水平促进项目集群融合。按照湖州市《"十四五"可再生能源发展规划》，抓住政府打造光电湾、能谷等契机，通过招商引进光伏新能源应用端配套产业，培育一批规模以上产业链上下游协同发展集群，推进光储充融合、分散式风电与分布式光伏融合项目。

（2）高要求建设新能源基础设施网络。加快全市基础电力线路配套，尽最大可能满足光伏新能源项目的接纳、配置需求；同时，按照新版《浙江省电力条例》提出的"分布式发电企业可以与周边用户按照规定直接交易"，湖州率先尝试分布式发电企业向同一变电台区符合政策和条件的电力用户直接售电，为全省出台细则提供实践支撑。

（3）高标准推进建筑光伏一体化。全面落实《湖州市绿色建筑专项规划（2022~2030 年）》，在吴兴区已率先试点 TPO 融合光伏屋顶系统建筑光伏一体化项目基础上，鼓励本土光伏制造业大企业与钢构建筑大企业强强合作，试点先行、政策扶持，在全市全面推广。

3.5 强化服务保障

（1）建设"光伏新能源应用智慧大脑"。主动适应光伏新能源项目的巨大增量，由国网公司牵头、吸收有实力的新能源企业参与，建立光储充用户用电信息 =078·qa 查询授权机制，全力建设市级层面"光伏新能源应用智慧大脑",满足电力调度需求,予以智慧化管理。

(2)开展"国网系统服务提效行动"。电力接入请按现行国网乡镇供电所受理、逐级转报、时间流程,按"最多跑一次"原则区分两种类型,低压并网在县区级"一站式"窗口办理、高压并网在市级"一站式"窗口办理,公开承诺时限,迅速组织统一现场踏勘、统一加强设计院方案编制力量、统一并网验收,全力缩短时限。

(3)试点"光伏电费委托服务"。把湖州作为浙江省国网系统试点,建立光伏投资单位与国网公司试行光伏电费与国网电费统一委托代收代付机制,并将光伏项目电费收付情况、按期归还贷款情况全部纳入征信体系,营造良好诚信的市场氛围。

外包单位自主管理能力提升的探索与实践

储峰　　姚成启

摘要：外包单位管理能力提升是每个外包公司需要面临的问题，在管理体系、人力资源管理、与外部沟通方面存在很多的问题与障碍，本文针对上述几个方面介绍了外包班组管理能力提升目前的困境以及障碍，并且根据长电公司燃料部的外包项目组现状进行分析，提出部分现已在执行的方法以及多项思路，便于为外包队伍的自主管理能力提升提供参考。

关键词：管理　提升　水平

1. 背景

随着电力行业的发展，电厂外包单位在电厂运营中的作用日益凸显。然而，外包单位在管理方面存在如管理体系不健全、员工能力参差不齐、沟通与协作不畅等问题。这些问题不仅影响了外包单位的工作效率和质量，也给电厂的安全生产和稳定运行带来了潜在风险，提升外包单位的自主管理能力成为电厂管理的任务之一。

2. 问题现状

浙能长兴发电有限公司燃料部检修外包项目组分为机务班与电仪班。负责内容为燃料部所辖范围内的设备维护、检修与保洁工作，项目组共计

32 人，其中机务班 14 人、保洁 10 人、电仪班 8 人。外包班组主要由项目组自行管理，燃料部、安健环部均为管理方之一。影响自主管理提升的因素主要有如下几个方面。

2.1　管理体系

管理体系不健全。外包单位往往缺乏系统、规范的管理体系，大部分的管理制度与体系均是参考长电公司的标准，由于长电公司的管理制度并非十分适应外包班组，实际套用管理制度后，导致各项管理工作出现紊乱与失误，很多情况下难以有效发挥管理的作用。

2.2　人力资源

人力资源管理能力较弱。该项目组现在共计员工 32 人，其中 40 岁以上人员占一半以上，班长、副班长、技术员以及个别员工有中专（高中）及以上学历或初级及以上职称或高级工及以上技能等级，其余班组员工素质和能力水平以及整体年龄差异较大。保洁班组人员平均年龄超过 50 岁。员工整体年龄偏大，学习能力较弱，部分员工安全意识欠缺，影响了工作的效率和质量。

2.3　外部沟通

项目组与外部沟通和协作不畅。外包单位与电厂之间、外包单位内部各部门之间缺乏有效的沟通和协作机制，部分工作开展时难以形成有效的沟通，导致信息不畅、配合不默契，影响了工作执行的效率和质量。外包单位在与外部部门沟通时未形成有效路径，只能通过燃料部管理人员进行沟通，其中，沟通过程中的信息以及需求情况经过转达后存在偏差，导致实际工作效率下降。

3. 原因以及剖析

3.1　管理体系不健全

管理体系不健全有多方面原因。首先，外包项目组的认同感较弱，一直以来，外包项目组的管理上级为长电公司和外包公司，两家上级公司管理方式和管理模式存在差异，导致管理较为混乱；外包项目组合同周期为三年，合同周期结束后重新进行招标确定下一周期的承包方，承包方的更替导致班组人员归属感较弱，抱着得过且过的心态，难以将工作水平提到更高的高度；项目组中班组成员从收入水平、福利待遇、后勤保障、劳动保障、晋升渠道等多方面与其他单位有差异，班组成员想法较为复杂，难以拧成一股绳。

3.2　人力资源管理混乱

人力资源管理方面的剖析如下。项目组目前总计 32 人，分为电仪、机务、保洁三部分，三个班组的人员特点如下，电仪班组平均年龄不到 40 岁，工作中技术含量相对较高，较为精细，对技术水平要求较高，其中班组成员工作较为细致，安全意识较好。机务班组人员年龄差异较大。技术水平要求相对较弱，大部分工作内容属于粗放型，少数岗位需要电焊工等特殊工种，人员知识水平偏低，大部分人的能力可以满足现场消缺需要，其他方面有所欠缺，具体表现在台账质量、安全学习、理论培训效果不佳等。保洁班组人员构成主要特点为年龄较大，学历较低，导致各方面管理性的工作难以胜任，在安全、技术培训方面耗费了大量的人力、物力，但收效甚微。

3.3　内外沟通不畅通

项目组与外部沟通不畅的剖析如下。首先，该外包项目组直接向燃料部负责，主要完成燃料生产区域的维护保洁工作，问题可直接与燃料部沟通，但是因外包班组工作安排是由班组自行负责，燃料部很难将指令直接下达到执行人员，导致指令施行后效果不佳。其次，该项目组在日常工作中需要与外部部门，如安健环部、计划部、设备部等多个部门保持沟通，但经过实践，发现项目组与这些部门沟通时效率较低。经过分析，外部部门与项目组相关性低，沟通效率较低，往往需要经过燃料部与外部部门直接沟通后才有效果。

4. 针对问题的解决思路

4.1 规范健全管理体系

制定规范的管理制度、流程和标准，明确责任和权限，确保管理工作的规范化。外包单位应根据自身实际情况，建立符合电厂要求的管理体系，包括安全生产管理、质量管理、人力资源管理等方面。在建立电厂要求的管理体系过程中，既要遵守管理体系的相关规定，同时应该制定适应于项目组和班组内能够执行到位的相关制度。如班组日志、安全台账、定期工作等相应制度，管理体系制度的制定首先应考虑可行性，针对项目组每年的安规考试，不同的班组应设置不同类型的试题以及考核要求，在制定管理制度过程中，充分考虑不同工种、不同班组的文化水平，以及他们可以理解与接受的范围，避免制度只停留在纸面上而无法实行到位。另外，长电公司一直提倡与外包单位同质化管理，外包单位应利用该契机，深入学习长电公司的管理体系，提升自主管理水平。

4.2 通过多种方式提升员工能力

加强员工的培训和技能提升，提高他们在项目管理、质量控制、安全管理等方面的专业能力和意识。培训与技能的提升可通过多种手段。2023年以来，该项目组举办电气故障排查、叉车操作、工作票填写比赛等技术比武，这几项活动均是围绕实际情况制定，举办过程中，能够提升个人的技术水平，并且有利于整体的技能水平提升。另外，培训与激励应该相辅相成，项目组对特殊工种人员制定奖励，如有电焊证的焊工每月增加奖金，电焊证失效则停止，可以有效激励员工考取电焊证。另外，对技术比赛中获奖人员进行奖励，对积极参与人员设立参与奖，可以有效促进每一位班组成员参与进来，形成良好的学习氛围，提升个人技术水平。

4.3　加强沟通与协作能力

建立良好的内部沟通渠道和团队合作机制，促进各班组之间的协调和配合，提升项目执行的效率和质量，消除项目组内部的沟通障碍。外包单位应与电厂建立良好的沟通机制，及时反馈工作情况和问题，寻求支持和帮助。首先，燃料部周例会需要项目组负责人和班组长参加，直接反馈问题，会议上解决。另外，在技术方面应保持与专工沟通，特别是难点、难以处理的缺陷，消除技术上的沟通障碍；同时，要加强内部部门之间的协作，建立信息共享和协同工作机制。与外部部门沟通经常需要燃料部出面沟通，效率较低，项目组应该利用机会，与外部部门班组长、技术员等主要管理人员建立沟通渠道，后续沟通过程中一方面由燃料部进行协调，另一方面可自行沟通，有效提高工作效率。

4.4　定期评估改进效果以及建立有效监督

建立持续改进的机制，定期对自主管理的效果进行评估和反馈，找出不足之处并及时采取改进措施。首先，每年应由项目组总结内容，项目组分析做得好的方面，鼓励班组继续保持，正视不足之处，并寻找措施改善，提高自身的管理和能力。其次，建立评估机制，对自身管理工作进行全面排查和评估，发现问题及时整改。外包班组在春查、秋查以及日常工作中进行检查评估。在班前会中，对昨日的工作总结，做得好的要表扬，做得不足的要改进。同时，要与电厂建立定期沟通机制，在周例会中以及厂级会议以及下发的文件中，外包班组应充分听取学习长电公司的意见以及建议，在长电公司管理体系发生变化时应及时跟进。在监督方面，长电公司除每年定期检查外，应不定期派人员检查监督，所检查出问题进入整改流程，必须形成有效闭环。同时，外包班组应完善自查制度，在项目推进过程中可以制定班组自查互查制度，提升班组建设水平。

5. 总结

通过以上原因分析和对应解决思路介绍可以看出，提升外包单位的自主管理能力是电厂管理的重要任务之一。通过建立健全管理体系、培训和提升员工能力、加强沟通与协作、定期评估和改进以及实施计划和监督等措施可以有效提升外包单位的自主管理能力。未来电厂管理中应更加注重对外包单位的引导和帮助，提升其自主管理能力，以更好地服务于电厂的安全生产和稳定运行。

基于政府代建精装交付工程项目中现场品控把握的思考

蒋伟忠　　王光成　　沈斌

摘要：政府代建精装交付工程项目是我国建筑行业中的重要组成部分，其质量直接关系到社会经济的发展和人民生活水平的提高。现场品控作为确保项目质量的重要环节，对于项目的顺利实施具有决定性的作用。本文通过对政府代建精装交付工程项目中的现场品控进行深入思考，分析了现场品控的关键要素和实施策略，并结合实证研究，提出了优化建议，以期为相关领域提供参考和借鉴。

关键词：政府代建　精装交付　现场品控　质量控制

引言

随着城市化进程的加速和人们对居住环境要求的提高，政府代建精装交付工程项目在建筑行业中占据了越来越重要的地位。此类项目具有周期长、涉及面广、质量要求高等特点，因此，现场品控成为确保项目质量、进度和成本控制的关键环节。本文将对政府代建精装交付工程项目中的现场品控展开深入思考，为提高项目实施效果和社会效益提供参考和借鉴。

1. 政府代建精装交付工程项目的特点与挑战

政府代建精装交付工程项目是指政府通过招标等方式选择合适的建设单位，由建设单位负责项目的策划、设计、采购、施工等全过程，最终向政府交付已装修完成的建筑。这类项目通常具有以下特点：第一，政策性强。政府代建精装交付工程项目通常涉及国家政策、法律法规以及相关部门的监管要求，需要严格遵守和执行。第二，专业性高。政府代建精装交付工程项目对专业知识和技术要求较高，涉及的专业领域广泛，需要具备相应的专业人才和技术支持。第三，质量要求严格、政府代建精装交付工程项目的质量直接关系到政府形象和社会效益，因此对质量要求非常严格，需要采取有效的质量控制措施。第四，工期要求紧。政府代建精装交付工程项目通常具有较短的工期要求，需要在规定的时间内完成项目的策划、设计、采购、施工等全过程。第五，成本控制严。政府代建精装交付工程项目的成本受到严格控制，需要在保证质量的前提下尽可能降低成本。

在政府代建精装交付工程项目的实施过程中，面临着以下挑战：材料管理——由于材料种类繁多，品质差异大，材料管理难度较大，需要采取有效的管理措施保证材料的质量和供应；施工工艺与质量控制——由于装修工程涉及多工种交叉作业，施工工艺复杂，质量控制难度较大，需要采取有效的质量控制措施；安全管理——施工现场存在诸多安全隐患，如临时用电、高空作业等，需要建立完善的安全管理制度和采取有效的安全管理措施；进度与成本管理——由于工期要求紧和成本控制严，需要合理规划施工进度和成本，采取有效的管理措施保证进度的按期完成和成本的合理控制。

2. 现场品控的关键要素与实施策略

现场品控是确保政府代建精装交付工程项目质量的重要环节。通过对现场品控的关键要素和实施策略进行深入分析，有助于提高项目的实施效果和社会效益。

2.1 现场品控的关键要素

2.1.1 材料管理

对于精装交付工程项目而言，材料是影响质量的关键因素之一。因此，材料管理是现场品控的首要任务。这涉及对各类装修材料的严格筛选、进场验收、存储管理以及使用过程的监控，确保材料的质量符合设计要求和环保标准。同时，合理的材料计划和调度也是保证施工进度的重要前提。

2.1.2 施工工艺与质量监控

装修工程的施工工艺复杂，技术要求高，因此选择经验丰富、技术过硬的施工队伍至关重要。在施工过程中，应注重对施工工艺的审查与优化，确保其符合规范要求。同时，建立完善的质量监控体系，对施工过程进行全面监控，及时发现并解决质量隐患。此外，加强隐蔽工程的验收工作，也是防止质量隐患的重要措施。

2.1.3 安全管理

施工现场安全是项目管理中不可或缺的一环。应建立完善的安全管理制度和应急预案，加强安全教育和培训，提高全员安全意识。同时，定期进行安全检查和评估工作，及时消除安全隐患，确保施工过程顺利进行。此外，应积极采用先进的安全技术和设备，提高施工现场的安全管理水平。

2.1.4 进度与成本管理

在保证质量的前提下，应对施工进度和成本进行合理规划和控制。这涉及对施工进度的科学安排、对施工成本的合理预算和控制。在实际施工过程中，应定期对进度和成本进行评估和调整，以确保项目的按期完成和成本控制的有效性。同时，应积极采用先进的项目管理软件和技术，提高进度和成本管理的效率和准确性。

2.2 现场品控的实施策略

2.2.1 制度建设

建立完善的品控管理制度是实施现场品控的基础。这包括制定各项操作规程、明确各方的职责和权力、建立有效的奖惩机制等。通过制度建设，确保现场品控工作的规范化、标准化和可持续性。同时，应加强制度执行情况的监督和检查，确保各项制度得到有效落实。

2.2.2　人员培训与教育

人员素质是现场品控的关键因素之一。应对管理人员和施工人员开展定期培训和教育活动，提高其质量意识和技能水平。通过培训和教育，使相关人员树立正确的质量管理观念，掌握先进的质量管理方法和技能，为项目的顺利实施提供有力的人才保障。

2.2.3　过程监控与持续改进

过程监控是现场品控的重要手段。应建立完善的过程监控体系和方法，对施工过程进行全面监控和记录。通过实时监测和数据分析，及时发现并解决问题。同时，应积极采用先进的信息化技术和管理方法，提高过程监控的效率和准确性。此外，应注重持续改进和创新，根据项目实施过程中的实际情况和反馈意见，不断完善和优化现场品控体系和相关制度。

2.2.4　信息管理与沟通协调

信息是现场品控的重要资源之一。应建立完善的信息管理系统和沟通机制，确保信息的及时传递和有效沟通。通过信息共享和协作，提高现场品控的效率和效果。同时，应积极与相关部门和利益相关者进行沟通协调，确保项目的顺利实施和社会效益的发挥。

3. 实证研究

为了验证上述现场品控的关键要素与实施策略的有效性，特对照选取了我公司近期即将完成的一个政府代建精装交付工程项目——红丰路生产基地的建设，作为实证研究对象。通过对其现场品控的实践情况进行深入分析，总结如下：材料管理方面——该项目在材料管理方面采取了严格的筛选、进场验收和存储管理措施，有效保证了材料的质量和供应。施工工艺与质量监控方面——该项目注重施工工艺的审查与优化，建立了完善的质量监控体系，对施工过程进行了全面监控，及时发现并解决了质量隐患。安全管理方面——该项目建立了完善的安全管理制度和应急预案，加强了安全教育和培训，有效避免了安全事故的发生。进度与成本管理方面——该项目对施工进度和成本进行了合理规划和控制，确保了项目的按期完成和成本控制的有效性。

4. 结论与建议

通过对政府代建精装交付工程项目中的现场品控进行深入思考，分析了现场品控的关键要素和实施策略，并结合实证研究进行了验证。研究发现，现场品控的关键要素包括材料管理、施工工艺与质量监控、安全管理和进度与成本管理等方面。实施策略包括制度建设、人员培训与教育、过程监控与持续改进以及信息管理与沟通协调等措施。实证研究结果表明，这些关键要素和实施策略对于提高政府代建精装交付工程项目中的现场品控具有重要意义。基于以上分析，提出以下建议。

4.1 强化材料管理

对材料进行严格筛选、进场验收和存储管理，确保材料的质量符合设计要求和环保标准。同时，加强材料计划的调度和管理，保证施工进度的顺利进行。

4.2 优化施工工艺与质量监控

在施工过程中注重对施工工艺的审查与优化，建立完善的质量监控体系，对施工过程进行全面监控，及时发现并解决质量隐患。加强隐蔽工程的验收工作，防止质量隐患的发生。

4.3 加强安全管理

建立完善的安全管理制度和应急预案，加强安全教育和培训工作，增强全员安全意识。定期进行安全检查和评估工作，及时消除安全隐患，确保施工过程的顺利进行。积极采用先进的安全技术和设备，提高施工现场的安全管理水平。

4.4　合理规划进度与成本

对施工进度和成本进行合理规划和控制，确保项目的按期完成和成本控制的有效性。定期对进度和成本进行评估和调整，提高进度和成本管理的效率和准确性。同时，积极采用先进的项目管理软件和技术，提高项目管理水平。

4.5　完善培训与教育体系

针对管理人员和施工人员制订定期培训计划，提高他们的质量管理水平和技能水平。培训内容应包括质量管理理论、品控技术、法律法规等，以确保他们具备必要的知识和技能。同时，加强品控管理人员的交流与合作，促进经验共享和共同进步。

4.6　强化持续改进与创新

鼓励持续改进和创新的精神，根据项目实施过程中的实际情况和反馈意见，不断完善和优化现场品控体系和相关制度。同时，关注行业发展趋势和新技术应用，积极引入先进的品控管理理念和方法，提高现场品控的效率和效果。

4.7　加强信息管理与沟通协调

建立有效的信息管理系统和沟通机制，确保信息的及时传递和有效沟通。利用信息化手段实现施工过程的数据采集、监控和分析，为现场品控提供科学依据。同时，加强与相关部门和利益相关者的沟通协调，促进合作与共识，共同推动项目的顺利实施和社会效益的发挥。

4.8　引入第三方品控机构

为了更客观、专业地进行现场品控，可以引入第三方品控机构。这些机构拥有丰富的品控经验和专业的品控人员，能够提供更全面、更准确的品控服务。第三方品控机构可以参与项目的全过程，从设计、采购到施工，进行全面、细致的品控管理，确保项目的质量达到预期标准。

4.9　建立奖惩机制

为了激励各方积极参与现场品控工作，可以建立相应的奖惩机制。对于在品控工作中表现突出的个人或团队，给予适当的奖励和表彰。对于违反品控规定、造成质量问题的个人或团队，进行相应的惩罚。通过奖惩机制，树立正确的价值导向，提高全员参与品控的积极性和责任感。

4.10　实施样板引路制度

在项目开始前，选取具有代表性的施工部位作为样板，按照高标准进行施工，并经各方验收合格。通过实施样板引路制度，为后续施工提供参考和依据，确保施工质量的稳定性和可靠性。

4.11　加强过程检验与验收

在施工过程中，加强各道工序的质量检验，确保每道工序都符合质量要求。同时，在关键节点和完成阶段进行验收，确保整个施工过程的质量控制。对于不合格的部位，及时进行整改和返工，防止质量隐患的传递和扩散。

4.12　建立应急预案

针对可能出现的质量问题、安全事故等紧急情况，建立相应的应急预案。通过制定详细的应急措施、明确各方职责和分工，确保在紧急情况下能够迅速响应、有效处置，降低损失和影响。同时，定期组织开展应急演练，提高应对突发事件的能力和水平。

4.13　创新品控技术与方法

关注行业发展趋势，积极引入先进的品控技术与方法。例如，采用智能化、信息化技术手段进行施工过程监控、数据采集与分析等，提高品控工作的准确性和效率。同时，鼓励创新思维，探索适合本项目特点的品控技术和方法。

总之，政府代建精装交付工程项目中的现场品控是一项复杂而重要的工作，需要各方共同努力和协作。通过强化关键要素、实施有效策略、完善培训与教育体系、强化持续改进与创新、加强信息管理与沟通协调等方面的措施，可以有效提高现场品控的效率和效果，确保项目的质量、进度和成本控制达到预期目标，为相关领域的发展提供有力支持。

参考文献

[1] 李四有.建筑工程施工现场品控管理研究 [J].施工技术，2017（12）：45-48.

[2] 王丽.建筑工程施工现场品控管理与实践 [J].建筑技术，2019（6）：78-82.

[3] 张涛.政府代建精装交付项目的质量控制 [J].工程技术研究，2020（3）：95-98.

[4] 李明.论施工现场品控管理的原则与措施 [J].建筑学报，2018（5）：78-82.

[5] 刘杰.建筑工程施工现场品控管理策略研究 [J].建筑科学，2019（4）：123-126.

[6] 赵阳.政府代建精装交付项目质量控制案例分析 [J].项目管理，2018（9）：56-60.

[7] 张峰.建筑工程施工现场品控管理研究 [J].建筑技术，2019（1）：34-37.

创新燃料成本控制与管理模式

邵慕斐　　卜慧强

摘要： 火力发电企业实现经营盈利的核心是燃料的成本控制及管理，其水平高低极大程度上决定发电企业在电力市场中的地位，与经济效益息息相关。对此，文章分析了火力发电企业燃料成本管理存在的问题，深层次探究燃料管理及成本控制策略，优化提升燃料成本控制与管理模式的水平。

关键词： 火力发电企业　燃料管理　成本控制

引言

近年来，煤炭等大宗商品成交价格不断上涨，突破历史纪录，叠加容量电价政策影响，火力发电企业的燃料成本压力越来越大。根据全国多家发电企业公布的财务报表，预算由盈转亏，煤炭成本大幅增加接近企业全部成本的 70%~80%。因此，燃料成本管控在现阶段变得至关重要，创新燃料成本控制与管理模式，是企业提质增效的主要途径。

1. 我国火力发电企业发展现状

1.1 企业经营环境不断恶化

电力行业是国民经济发展的基础，近年来，国际燃料市场形势严峻，火电企业普遍存在经营和运行环境恶化，盈利能力逐步减弱，亏损面逐年扩大的趋势，火电企业由于煤炭的不断涨价吞噬掉了企业的全部利润。因此，为了缓解经营压力，顺应和掌握燃料市场规则，创新采购模式和掺烧方案扭转高价煤的劣势势在必行。

1.2 节能减排压力与日俱增

2023 年 7 月，中央全面深化改革委员会审议通过要将能耗"双控"逐步转向碳排放"双控"。为给机组提供精品"口粮"，降低能源消耗，火电企业不得不采购高品质煤源，这导致煤炭采购成本抬高，压缩了利润空间。在扛起社会保供责任的同时，找到燃料控价、能源保供、能耗指标、碳排放总量控制的平衡点，有效控制燃料成本，是当下亟待解决的问题。

2. 火力发电企业燃料成本管理存在的问题

2.1 电煤长协合同无法兑现

火电企业煤炭采购以年度长协合同为主，其他类别合同占比较低，如果市场煤炭价格上涨，煤企为追求利润最大化，中长协合同执行率低于50%，而火力发电企业又无法对其进行约束，保障合法权益，导致长协合同防控风险能力较差，不利于火力发电企业的燃料成本控制。

2.2 电煤采购热值低于预期

电煤合同很难保障煤炭的质量及价格，尤其是通过公路、铁路联运的方式会导致煤炭热值损耗超 150 大卡，同时，因为煤炭资源掺杂降低了煤炭质量或运输成本过高等问题增加了火力发电企业成本。

2.3 燃煤经济掺烧存在困难

火力发电企业应用的燃煤掺烧方式不科学，一定程度上将会导致入厂、入炉煤热值存在较大偏差。许多火力发电企业实施了配煤掺烧机制，然而缺少切实可行的搭配燃烧方式，或者没有及时调整煤的配比，甚至还会增加燃料成本。

2.4 存煤和验收管理不科学

火力发电企业存煤管理方式欠缺科学性和合理性，很难满足燃料需求。各种燃煤存在显著差异，热值不同，在管理过程中若无法科学分类，会对煤炭验收造成影响。受到煤炭储存、掺烧计划等因素的影响，很难保障煤场的储存量。

2.5 燃煤采制化验存在局限性

煤炭采制和计量极易受人为因素影响，使采制化的煤失去代表性，不利于煤炭计价。同时，还存在部分燃煤中间会掺杂过多杂质，不利于煤炭的燃烧，也很难保障煤炭采样的精准度。

3. 火力发电企业的燃料管理模式的创新

3.1 提升燃料运输管理效率

煤炭运输的坑口、港口、航运等各板块增强互动，形成功能完善、优势互补、协同高效的煤港航管理体系，提升全物流运输管理能力。

3.1.1 开辟煤炭物流运输新通道

国际煤炭供需紧张，价格处于高位，对我国煤炭供应特别是沿海地区影响很大。开辟运输新航道至关重要，建立相对完备的煤电港航储物流体系，加强各个板块之间的协作配合程度，提升大物流体系的运作效率、价值创造水平。

3.1.2 提升全程航运调运效能

沿海地区能源供给结构调整对海运煤供应带来深远影响，打造完整的海运煤供应链条，能有效应对运输市场大幅波动风险。开拓运输市场，减少放空，大幅提高船舶运转效率。根据沿海地区煤耗变化，及时调整航运企业运输能力。

3.2 加强燃料入厂入炉管理

燃煤的质和量是后期企业结算的重要依据，加强入厂入炉煤质管理，也是企业廉洁风险体系和监督管理体系的重要组成部分。

（1）建立煤质检测室，由专业的审计人员与煤质检测人员担任。通过定期对煤质检测进行风险防控，及时查找分析容易出现问题的关键环节和重要部位，多层次、多举措进行制约，保证煤质检测结果公平、准确。

（2）对煤质检测人员加强业务培训，提高整体队伍素质。采制样人员应不断学习，与时俱进，结合工作经验，采用科学的管理方法，规范采制化操作。

（3）定期请计量权威机构或研究所对采制样设备进行校验，避免检测结果带来的数据误差，检测过程中避免人为因素的误差。

（4）运用现代科学技术，加强监测监督设施的投入，对采、制、化全过程进行跟踪监控，相关人员需定期调出监控记录进行查验，确保煤质检测过程全透明。

3.3 创新燃料库存管理模式

3.3.1 构建滚动库存模型

火力发电企业的库存管理在满足发电需求的基础上，尽量减少储存成本，降低总库存费用。构建滚动库存预测模型，结合年度电量计划、采购计划、机组掺烧需求进行月度分解采购量，制定月度库存目标，实时更新库存变化，可用库存天数不低于 15 天。

3.3.2 发挥战略库存作用

利用厂内、港口、储备基地存煤能力，提前锁定效益煤，发挥好"淡储旺耗、低储高耗"作用，将库存保持在合理高位水平。精细化管理库存，结合现有港口和煤码头地理位置，统筹利用好港口存煤能力，提高存煤弹性。

3.4 优化企业内部协同管理

3.4.1 建立智能燃料供应体系

依托信息化平台建设，深度挖掘数据价值，提炼出与燃料供应相关的价值信息。聚焦燃料数字化转型，依托数据湖，以互联网、大数据、区块链和5G等手段，优化燃料资源开发、采购、运输、结算等环节，实现效率与效益双提升和燃料供应体系智能化。

3.4.2 构建生产经营协同模式

以效益为核心，以市场为导向，高度重视电力市场改革，建立以营销为龙头的经营体系。加强内部协调管理，将燃料采购工作与电量计划、电力交易、边际贡献、掺烧需求等紧密关联。

4. 火力发电企业的成本控制措施的优化

4.1 优化燃料采购策略

4.1.1 坚持"长协＋进口"采购模式

火力发电企业坚持以"长协履约＋进口煤采购"模式为主，在长协签约履约基础上，根据市场变化，以进口及内贸市场轮动采购控价为主。加大与海外矿山的合作力度，优化调整结构。

4.1.2 灵活调整招标采购策略

根据不同煤种价格差异变化，选取5000大卡以上性价比高的煤种采购，增加采购次数调整灵活度，采用"小而散"的采购方式，提升在波动频繁的市场情况下增加抓住市场机会的能力。

4.1.3 创新多样化采购模式

发挥好与煤炭、能源企业采购协调机制作用，进一步扩大范围，创新与煤矿合作模式，择机发挥期货作用。在巩固长期合作业务的基础上，扩大物流、金融、技术等合作领域，提升企业燃料采购市场影响力、资源控制力和话语权。

4.2 提高电煤长协合同兑现率

4.2.1 规范燃料采购合同标准

在采购过程中企业结合市场的情况自由购买，严格依照法律规范制订长协合同，参照国家规范的燃料采购合同标准模板，加强双方的价格沟通，确保合同的公平、公正。

4.2.2 加强合同兑现监管力度

录入全国煤炭交易中心的年度长协合同，国家要求兑现率不低于90%，用煤企业也应紧盯兑现进度，对于无法履约兑现的合同进行梳理并说明情况上报监管部门。

4.3 科学把握市场采购结构

（1）加大上游资源开发力度，整合现有煤矿资源和新增产能，实地走访产地、物流企业，重点针对有产能增长潜力的矿，扩大交货规模。统筹组织好自主可控的资源落地，实现采购价格低于市场煤价，切实保障采购成本。

（2）积极提升进口FOB厂矿直接采购规模，稳定直接进口渠道源头。进口煤重点加强与印尼、澳大利亚等国家的大矿的衔接谈判，探讨按照固定价小长协或指数定价模式，实现长期稳定合作。

4.4 强化配煤掺烧经济分析

4.4.1 适度把握配煤掺烧原则

优化掺配煤泥、高硫煤和低质煤的粗放手段，进入根据机组负荷分时分段掺烧更加精细化的管理阶段。将研究掺配手段和掺配方法的重心转移到煤炭采购来源结构的调整，优化煤炭的来源和环境。

4.4.2　搭建经济煤种采购模型

坚持配煤动态调整。通过采购设计煤种，深化掺配掺烧，实现不超环保技术标准的要求提供具有最佳经济综合利用效益的煤炭解决方案。及时调整煤炭采购策略，动态控制煤源，有序增加掺配比例，降低燃料燃烧成本。

5. 结语

综上所述，研究火力发电企业的燃料成本控制和管理模式的创新极具现实价值。创建完善的管理体系，创新对燃料成本控制和管理模式的全程管控，转变经营管理模式及理念，进而推动火力发电企业的稳定可持续发展。

参考文献

[1] 刘习文，彭卓寅，胡新强，等．燃煤火电厂年度燃料成本最小化决策模型及应用 [J]. 中国电力，2022，55（6）：202-207.

[2] 冯克忠．火电厂电气节能降耗措施分析 [J]. 光源与照明，2022（8）：177-179.

县级供电企业数智化管控体系探索与实践

施哲炎　朱晗　赖旬阳

摘要： 为深入贯彻落实国网公司数字化建设要求，以打造县级供电企业全景式数智化业务管控为目标，以提升数字化支撑力度和大后台统筹指挥效率为导向，围绕电网优化调度、电网运营、优质服务、安全管控四条主线建设配网业务智能管控中心。深度融合调控、运检、营销、安监四大专业，通过四个班组合署化办公，借助数字化牵引平台，推动数据贯通与信息共享，促进专业协同和业务融合。以全面提高配电网本质安全、运营效率和供电服务水平，实现了配网调度与供电服务指挥业务数字化转型和电力数据增值赋能。

关键词： 数智化转型　配网管控　供电服务

1. 问题分析

1.1 电网全量数据资源感知、共享存在问题

在新型电力系统、数字浙电建设背景下，公司目前主要存在电网侧资源信息感知深度广度不足、资源共享存在滞后性、业务沟通即时性不足等问题，资源信息覆盖面大但是难以融会贯通、实质性数据难以查找、专业数据共享往往不够及时，亟须以数据贯通和信息共享促进专业协同和业务融合，因此深化"用数据说话、用数据决策、用数据创新、用数据考核"的理念应用，是稳固数字化企业建设的基础。

1.2 电网业务、系统之间存在壁垒

随着新能源、智慧用电设备的广泛接入，电动汽车、充电桩的广泛使用，客户对供电服务的需求从"用上电"向"用好电"转变。但是，目前存在数字化系统多、监管链条多、基层班组沟通壁垒多等问题，为充分发挥数字化系统作用，发挥大后台优势，需要公司整合人力资源，进一步缩短监管链条，提升业务管理效率。

1.3 电力系统柔性调控、安全运行存在提升空间

新型电力系统配电网逐渐呈现出系统有源化、结构网络化、对象多元化、主配一体化等特点，分布式新能源数量大幅上涨，各类型电网元素不断扩充，电网不再是以往较为单一、稳定的线路网架结构，且电网运行在设备精准感知、柔性调节控制、系统安全运行等方面面临新挑战。因此，为促进数字化电网发展转型升级，以业务融合为核心的数智化指挥管理体系应运而生。

2. 对策措施

本文聚焦"两个转型"和加快建设"精品示范"窗口的实践要求，以提升配网调度、运营与服务质效为基点，融合营、配、调、安四大专业，打通信息链、业务链和监管链三个链条，创新构建县级企业全景式数智业务管控新体系，针对配网管理的关键环节，形成三种督查机制，着力推动配网管理与服务向统一化、融合化的方向转变，推动电网企业数智化转型升级。

2.1 建立灵活高效的组织体系

一是四位一体合署办公，提高业务沟通效率。以"场地融合、人员融并、技术融通"原则，围绕营、配、调、安四大专业建设数智业务管控中心，创新实践"四位一体合署办公"工作模式，打造电网数字化监管业务"一盘棋"，对内、外支撑各部门做好全业务过程管控。二是聚焦业务融合目标，健全制度管理规范。制定《关于构建数智业务管控中心的工作

方案》，按照一支队伍三清单的方式进行管理，明确专业座席职责和业务界限，制定值班方式、考核标准，为业务融合，提升数智化管控效率打下坚实基础。三是强化复合型人才培养，提升人员业务能力。打造"专业融合、一岗多能"的技能型、专业型人才队伍，搭建数字化专家、劳模工匠业务交流平台，分梯次集中培训；建立人才储备保障机制，提供有力人才支撑和智力支持；数智业务层面贯彻"传帮带"机制，促进青年员工快速成长。

2.2 人机结合补短板，畅通信息链

一是深化基础数据治理，提升数据支撑精度。坚持"谁产生，谁负责"的原则，梳理分析涉及营、配、调、安四大专业八大系统平台数据，实施数据集约化管理。实现所有业务数据录入、审核、治理周期性全覆盖，全面提升数字化系统数据质量。二是打造数智化驾驶舱，提升业务支撑深度。建立以配网指挥长为核心，调控、配抢、安管、供服四大座席为辅助的"1+4"型数智化指挥驾驶舱，采用 RPA、大数据可视化技术打破各专业、各系统数据壁垒问题，实现多系统间数据融合与共享。

2.3 业数融合为牵引，优化业务链

2.3.1 业务纵向贯通，电网运行一体化

一是聚焦"输变配户"全要素发力。切实发挥指挥长"1+1+1+1>4"的统筹指挥作用，实现从主变电配网线路、分支线、配电终端及甚至低压用户表计的全电压等级监测、全流程闭环。二是聚焦"电网核心业务"多条线合力。重点从计划管控、故障处置两方面主动发力，将安管中心、配电监测业务嵌入计划执行管理流程，形成面向计划管控与故障处置的全过程链条管理，通过故障智能研判、主动抢修，故障抢修平均到达现场时间减少 15%，2023 年线路跳闸故障平均处理时长同比下降 15.38%。三是聚焦"新技术应用"多方面蓄力。依托移峰填谷、五四村柔性交流互联装置等项目丰富电网潮流调控方式；全县覆盖继电保护二次管控平台等新技术，充实电网故障研判技术手段；推广变电站、配电房、线路机器人巡视等远程可控技术，打造全景式一体化电网运行指挥体系。

2.3.2 拓展联动渠道，优质服务一条龙

一是开展 95598 非故障工单管控。认真落实供电服务"十项承诺"，统一开展工单审核、督办、预警工作，做好营销优质服务支撑。二是网格化服务电话全面落地。落实属地化电话工单处理质量管控，进行属地化电话服务工单归纳分析，量化分析各类指标，提升供电所属地化服务质量。三是完成停电事件深化应用试点。开展低压主动抢修服务，将优质服务由"被动"向"主动"转变；采用 RPA 技术自动派发低压单户停电事件预警短信，拓展单户停电预警渠道，提升工作效率，通过主动工单派发抢修，95598 故障工单数同比下降 13%，同时优化配网运检、供电服务、安全管控业务流程 13 条，减轻基层单位负担，推动供电所提质增效。

2.3.3 计划追根溯源，安全管控一把抓

一抓电网作业风险，作业计划管控提前接入。从审核阶段开始监管，深化数字化安全管控。二管两票录入规范，实现作业全链条管控。"数字化两票"的应用解决了原先纸质票面管理方式的弊端和不足，打通两票管理与现场的最后一公里，提升本质安全。三看作业链条衔接，做实"远程＋现场"管住现场。远程核实计划内容、系统核查作业工作票，现场严格执行"两票三制""十不干"等要求，做实做细"初勘、复勘"和"三措"方案编制审批工作，实现"远程＋现场"督查全覆盖。

2.3.4 赋能智能运检，设备监测一站式

一是强化配网全景监测，提高配网状态评估和风险管控能力，支撑区域负荷预测、用户需求响应；加强数据在配网全过程的应用，实现监测大数据分析全面提升。二是配网全业务工单化，以"信息化驱动、工单化管理"为理念、工单化管控为手段，打造"数字化、透明化、流程化、痕迹化"管控机制，实现配网全业务可控在控。三是加强电能质量管控，强化无功管控，提升区域配网无功智能调控能力；做好用户侧用电安全管理提升，将电压监测覆盖至用户侧及分布式电源侧，确保源网荷储协调发展，推动多元融合高弹性电网整体技术创新。

2.4 全过程在线监督，强化监管链

一是建立营、配、调、安指标一体化监测体系。建立"一套指标体系，两大监管机制"，形成数智化业务管控指标114项。围绕供电服务指挥重点业务，建立"日通报、周分析、月总结"指标监控方式，实现指标管控"一个源"全过程管控。二是建立营、配、调、安数智化业务督办机制。制定《德清数智化业务管控中心督办单管理办法》，明晰业务链条责任。构建"管控工单化、工单价值化、价值绩效化"督办机制，在现有20类典型工单基础上创新自定义安全违章等16类工单化类型，加强督办审核与闭环。三是建立营、配、调、安数智化业务考核机制。完善绩效考核体系，建立专业评价权重浮动机制和考核排名赋分机制，以"红黑榜"晾晒管控水平，全面实现以评促改、以评促优。探索业务链负责人考核体系，盘活存量人力资源，进一步提升营、配、调、安数智化业务水平。

3. 结语

依托数智化管控体系的高效运转，打造企业与用户实现价值共创共赢的新格局。同时，深化数据赋能社会治理，拓展数智化服务渠道，建立常态化企业能效监测、新能源渗透率分析、电网供电能力预警等机制，为政府产业布局、能效管控和双碳工作提供支撑，对其他供电企业也起到较好的示范效应，具备较高的参考、实施价值。

以"815N"工作体系推动党员服务融入乡村党建网络的探索实践

吴成立　金玮　吴梦璐

摘要： 针对当前安吉县域乡村供电服务中存在的"服务队伍的专业素质参差不齐、基层治理的融入形式片面单一、基层治理的共治内容千篇一律、基层网格的动态管理流于表面"等难题，国网安吉县供电公司（以下简称"安吉公司"）以"815N"工作体系为基础，从"人、事、物、效"四个方面着手，开展针对性探索实践。以提升"人"的专业素质、强化"事"的融入成效、拓宽"物"的治理辐射面、提高"效"的管理速率为核心重点，依托"815N"工作体系，创新"四项融入"治理模式，持续推动党员服务融入乡村党建网络，加快实现城乡供电服务均等化，打造乡村振兴、绿色发展的"神经末梢"，解决农村用户服务"最后一米"。

关键词： 815N　人、事、物、效　四项融入　党员服务

引言

推进城乡基本公共服务均等化，构建优质均衡的公共服务体系，是落实以人民为中心的发展思想、推动共同富裕的重要举措，对于不断增强人民群众获得感、幸福感、安全感，具有重要的现实意义。能否获得和城市居民同样的电力服务，一直是农村百姓关注的重点。多年来，安吉公司致力于完善、探索如何服务好未来乡村"城里乡村一样美、居民农民一起

富",努力做到共同富裕电力先行。党员服务作为城乡电力均衡服务的关键一环,结合城乡电力服务均等化发展要求,如何推动党员服务融入乡村党建网络、通过党员服务提高乡村供电服务水平、践行城乡电力均衡服务尤为重要。

1. 研究背景

1.1 服务队伍的专业素质参差不齐

由于长期以来党员服务队缺乏专业的服务实践培训载体,基层党建队伍缺乏必要的科学管理机制,导致基层共产党员服务队的专业素质与城区共产党员服务队存在较大差距。此外,以乡村网格员、乡镇便民服务中心电力工作专员、"村网共建"电力便民服务点乡村电力联络员为主体的乡村基层电力服务队伍,由于相关人员在学历、能力、个性、技能层面存在差异,队伍的综合实力不强,乡村基层供电服务能力与素质良莠不齐,在与城区街道电力服务专员的技能比拼中处于下风,两者不管是从专业服务素质、电力服务能力层面,还是从服务数字化、模式创新性层面,都存在较大差距,亟须夯实补齐,堵住技能差异缺口。

1.2 基层治理的融入形式片面单一

基层供电所员工整体素质水平偏低,较少接触先进、有效的支部管理经验,党支部学习能力、管理水平尚待加强,面对新形势、新问题,往往思路不够开阔,创新没思路,工作没抓手,亟须形成一套成熟的、具有普适意义的支部管理经验,为各基层支部提供成熟的实践框架,以及可选的工作抓手与载体,推动支部自发自主创新实践、提升工作质效。

1.3 基层治理的共治内容千篇一律

多年来,安吉公司通过红船共产党员服务队在乡镇开展电力政策宣贯、安全用电宣传等工作,其核心举措包括发放传单、上门走访、电话联系等传统方式。然而,由于共治内容覆盖面窄、具体内容不健全、各项内容间联动性不足，导致乡村治理的共治成果呈现高度相似性。基于群众和基于内容的差异化共治不能切实展现。

2. 探索实践做法

以安吉县全域地图为基础，以辖区内 8 个红船党员服务中心为一级骨架，15 个"红船·光明驿站"为二级节点，建设多（N）个乡村红船党员便民服务点，构建党员服务队三级柔性网络，全方位辐射全县 208 个行政村，努力缩小城乡电力服务差距，持续推进城乡供电服务均等化，打通村网共建、乡村振兴、绿色发展的"神经末梢"，解决农村用户服务"最后一米"问题。

2.1 队伍专业化夯实融入基础盘

对内方面，以提升党员服务队专业素质、加强支部管用示范带建设、推进项目招聘与内部竞聘机制为重点。第一，通过强化"红船·光明"云学堂、"红船·光明"驿站、"红船·光明"红立方三阵地建设，从基础知识、业务技能、服务技巧、数字化工具、规范化流程等层面，全方位提升党员服务队的专业素质，落实"党建＋服务"特色实践。第二，通过红船精神指引支部建设方向、强化管理探索支部工作路径、绿色发展深化支部品牌打造等举措，建立"红黄绿"支部管用示范带，突出电力基层党组织在乡村供电服务方面的战斗堡垒作用。第三，通过项目招聘、内部竞聘等方式全面提升红船党员服务队专业素养，从区域化、项目化的特色"党建品牌"入手，不断营造提升技能、完善业务的学习氛围，以建设服务型、学习型、创新型队伍为目标，持续增强党员服务队专业力量。

对外方面，基于政企协作，以安吉公司营销专业党员骨干、供电所台区经理党员骨干为主体，联动乡村网格员、乡镇便民服务中心电力工作专员和"村网共建"电力便民服务点乡村电力联络员，通过集中受训、线上网课、学习平台等形式开展专项培训，形成乡村内外能力素质相当、业务技能熟练、服务质效优秀的基层供电服务队伍，以政企协作、内外统一的方式探索乡村优质供电服务新模式，解决乡村群众在用电方面"跑得多""跑得远"等问题。

2.2 方式多样化打通融入关键点

以借助云学堂、红立方等多功能载体,依托"815N"工作体系中的"基地、站、点"三级网格布局,创新"课堂＋实践基地"等融合模式,构建"一网格一党员、一阵地一联系员、一联盟一代表"的运作机制。第一,以余村"红船·光明"驿站为例,作为浙江省首个数字化"红船·光明"驿站,余村"红船·光明"驿站在站内成功上线了智能机器人"亮亮"。余村村民能够利用机器人"亮亮"的远程语音、视频功能,迅速呼叫到专属党员,以村民用电"一次都不跑""一秒都不停"的模式,推动党员服务融入乡村党建网格。第二,以"红船·光明"云学堂为载体,围绕基层供电服务,成立全专业人才教学虚拟团队。通过数字化连线开展远程教学、联合劳模创新工作室开展专业培训、组建青锋学习小组开展攻坚克难等举措,多维度打造党员服务队教育阵地,推动党员服务融入乡村党建网格。第三,拓展"红船·光明"红立方联建阵地,聚焦乡村供电服务,打造不同主题的互动联盟、服务联盟和合作联盟,通过"政企民"三方联动,丰富党建联盟载体,实现基层党建的联建、联学、联创。

2.3 内容分众化提高融入精准度

以"人、事、物"为切入点,重点建立覆盖面广、综合实力过硬的宣教队伍,以内容全面、差异性强为基础原则制定宣教内容,通过区分不同人群,落实差异化宣教方式。第一,以"党建特派员、劳模创新工作室、电力矛盾调解中心"为核心力量,建立一支覆盖"政企民"的基层党建网格宣教队伍。第二,制定《供电企业党建网络融入城乡网络服务清单》,分批次按阶段开展宣教服务工作,固化形成宣教样板清单内容。第三,采取视频、语音、群组、面对面、特色活动等多样化宣教方式,针对不同人群开展分众化宣传,提高科学用电、安全用电的宣传质量和效率。

3. 结论

3.1 乡村供电服务队伍的专业素养更突出

以"红船·光明"云学堂、"红船·光明"驿站、"红船·光明"红立方为核心载体，教育阵地、实践阵地、联建阵地的强化建设使得红船共产党员服务队获得知识、技能、方法、模式、实践层面的全方位提升。安吉公司通过项目招聘、内部竞聘机制，招聘29名优秀党员进入适配项目开展服务工作。此外，以安吉公司营销专业党员骨干、供电所台区经理党员骨干为主体的外训团队，通过集中受训、线上网课、学习平台等形式为乡村网格员、乡镇便民服务中心电力工作专员和"村网共建"电力便民服务点乡村电力联络员送去16次专项培训，共有73名乡村基层电力服务专员在接受相关培训后通过电力业务受理基础服务现场测试。

3.2 党员服务融入乡村党建网络的内容更全面

以"815N"工作体系为基础，突破党员服务融入乡村党建网络的单一模式，以"人、事、物、效"为切入点，通过提升乡村基层供电服务队伍的专业素质，党员服务队与乡村基层电力服务专员在获得能力提升的同时，联动形成基层保供电队伍，为安吉地区的乡村群众用电保驾护航。通过打通多样化载体渠道，使得电力党员服务成为乡村党建网格的关键一环，乡村群众"一次都不跑"，乡村用户的电力获得感不断提升。通过提高分众化宣教，不同受众与人群获得了差异化宣教服务。由基层党建网络宣教员将上述服务需求纳入并更新《供电企业党建网络融入城乡网络服务清单》，乡村供电服务的宣传工作精准性更强，传播性更广。

参考文献

[1] 陈炜，刘箭，刘兴业，等.利用数字化，智能化技术服务乡村振兴提高农村供电和服务水平 [J].农电管理，2023（2）：30-32.

[2] 张婧妍，梁子俊，孙东方.浅谈供电企业融入基层治理 提升乡村供电服务的创新实践 [J].农电管理，2023（5）：57-58.

[3] 吴春金.新时代乡村文化振兴的现实困境与破解路径 [J].辽宁农业职业技术学院学报，2022，24（2）：4.

党建引领志愿服务项目践行社会责任的探索与实践

王珏　　沈媛　　陈维

摘要： 新伦综合能源公司在综合能源市场拓展中，党员率先融入绿色低碳服务，注重经济效益的同时，兼顾社会效益，以"碳达人"全民降碳志愿服务项目践行社会责任。公司以"红色"引领"绿色"，锻造优秀志愿服务团队，加快公司转型升级，助力城市生态建设，赋能美丽湖州。

关键词： 红色　绿色　"碳达人"　低碳

为深入学习贯彻新时代中国特色社会主义思想和党的二十大精神，全面贯彻党的二十大报告"推动绿色发展，促进人与自然和谐共生"战略部署，坚定践行"人民电业为人民"的企业宗旨，新伦综合能源公司充分发挥党建引领和价值创造作用，以全力服务人民美好生活为重要使命，结合自身业务特色，通过党建引领志愿服务项目，积极践行社会责任。进一步聚焦绿色低碳和生态文明建设成果，推动绿色发展理念浸润到生产生活的角角落落，宣传践行绿色低碳、节约资源、保护环境等理念。本文将探讨党建引领下的志愿服务项目如何践行社会责任，以及实践过程中所取得的成效。

1. 具体探索与实践

1.1 党建引领点燃"红色"引擎，发挥党组织战斗堡垒作用

新伦综合能源公司发挥党组织的旗帜领航和战斗堡垒作用，红船党员服务队发挥先锋模范作用，构建红色网格，加强支部联建，积极践行"人民电业为人民"的企业宗旨。

1.1.1 红色网格赋能基层

公司党支部以红船共产党员服务队建设为抓手，按照项目化、网格化、标准化的要求，横向设立专业小组，纵向培育"五大员"，密织红色网格，全面赋能基层。培育红色安全员。对季节性安全风险、电力服务风险进行提醒，对安全管理的落地情况进行检查，强化服务中的安全意识，提升服务安全能力。培育红色业务员。发挥部门党员干部掌握形势政策的理论优势和专业优势，及时解政策、送技术，帮促基层工作持续提升。聚焦基层生产运营中的短板、优质服务的薄弱环节，共同分析研究一线服务提升方面存在的瓶颈，进一步提升服务技能。培育红色技术员。选派技术骨干定期开展专业技能培训。指导常态化微讲堂及时剖析和解决服务工作中存在的问题。通过走出去、请进来等方式，邀请厂家、上级单位专家开展业务讲座，提升技能实操水平。培育红色宣传员。提炼特色工作亮点，完成企业文化落地实践与形象提升，积极参与企业文化示范点创建，逐步打造绿色低碳的特色企业文化带。培育红色政工员。聚焦为民服务第一线、业务开展主战场、急难险重最前沿，组织开展主题党日、活动宣誓、亮诺践诺、问题攻关、文明创建、志愿服务等活动，优化党员服务队、突击队、示范岗等载体，合力打造优秀服务项目。

1.1.2 支部联建强筑堡垒

公司党支部通过"组织联建、业务联促、专业联动、服务联行"，实现党建资源互补和党组织功能最大化。一是支部联建助力"两山理论"

发源地安吉余村打造"零碳乡村"。在北京电力交易中心的指导下，公司与国网华东分部、浙江电力交易中心、安吉供电公司等六方联动，齐头并进，深度挖掘电力新潜力，紧跟规划步伐，全面开展余村绿电、绿证交易，将新能源发电企业、用电客户相互连接，实现余村用电全绿覆盖。为美丽乡村零碳建设提供可复制、高可靠、全绿电的清洁能源中国方案。二是支部联建助力"乡村振兴"示范点青海乌兰县构建碳普惠体系。与海西供电公司、乌兰县自然资源和林业草原局、乌兰县发展改革和工业信息化局、乌兰县教育和科技局、乌兰县总工会等六方联建，践行生态文明理念，引导、支持全社会参与绿色低碳创新公益事业，大力推进"碳惠湖州"机制在青海乌兰县复制推广，共同实现生态文明建设和绿色可持续发展。

1.2 社会责任推动"绿色"实践，落地"碳达人"志愿服务项目

"碳达人"志愿服务项目是基于支付宝"碳达人·惠湖州"平台，开展各项绿色低碳服务的志愿服务活动。通过各类低碳宣传服务活动，建立多跨应用场景，为个人、企业、公共机构三大类碳账户应用提供服务。

1.2.1 清洁数智转型，优化零碳服务

在原"电管家""绿智团队"等服务小团队基础上，统一为"碳达人"志愿服务者，将志愿服务项目化，进一步提升规范性，着力打造一支安全、绿色、高效、专业、智慧的优秀团队，打造"美好生活服务者"社会化公益模式。

一是服务"零碳"光伏用户。"碳达人"志愿服务者为光伏用户现场普及安全知识，设备运维、保养及设备运行注意事项及常见故障处理方法。同时，现场指导用户下载注册"网上国网"App，指导客户熟练掌握线上办理新能源业务，让客户便捷迅速查询新能源政策规定、光伏发电的收益，足不出户就能享受"指尖办电"的优质服务。全面开展光伏开发、建设、运维和运营业务，形成集"光伏典型场景设计＋光伏EPC产品开发＋光伏结算托收服务＋光伏智能运维服务"于一体的一揽子解决方案的区域光伏专业服务商。二是服务"零碳"智慧园区。公司数字赋能"零碳"智

慧园区。依托数据管理，将智慧照明系统、空调集控系统、能耗管理平台数据集成至智慧建筑集成管理平台，实现资产智慧运维及提醒机制，对园区综合用能进行智能分析、监测、改造，实现综合能效提升和楼宇安全智慧管控。"碳达人"志愿服务者服务"风光储充"一体化智慧项目。三是服务"零碳"典型场景。以市政府大楼能源托管现场会为契机，推动县区政务大楼的托管合同落地。深化湖州"碳效码"应用，跟踪发改对于碳效码评级降碳要求，提供碳技改相关服务，对于典型行业开展典型降碳方案应用，能碳提级闭环整改工作。"碳达人"志愿服务者服务各行业工业能效提升典型应用场景。

1.2.2 密织公益网络，重塑生态价值

"碳达人"志愿服务对外根植社会责任，支撑长三角生态能源碳汇基金公益项目实施，密织"绿色公益网"。

一是开展绿色低碳科普和宣传活动。对家庭和个人的减碳行为量化形成碳账本，建立核证减排量、福利和政策激励相结合的正向引导机制；工业企业认购普惠核证碳减排量，用于工业碳效等级改善；政府机构购买光伏、竹林碳汇减排量，实现大型活动进行碳中和服务。

二是延伸"低碳服务点"。提供会议"碳中和"服务，即对于 100 人以上的大型活动，比如说会议、座谈、演出等，"碳达人"志愿服务者配合举办方进行碳中和行动。通过前期碳预算（即会前对会议室用电、交通、住宿、餐饮、资料、废弃物处理等进行计算，预算出会议碳排放量）、中期碳干预管理以及后期碳中和（如种植碳汇林、购买光伏发电项目等方式进行抵消），从而最终形成碳评价，颁发碳中和证书，对整个活动碳排放实行全寿命周期管理。目前，已有 2023 年湖州市两会、2022 年中国绿色低碳创新大会等多个成功案例。2023 年 8 月 15 日作为首个全国生态日，"碳达人"志愿者积极行动，圆满助力"零碳"办会。

三是开展专项公益服务。助力"追光"公益服务，即服务公共机构碳中和，鼓励图书馆、科技馆、博物馆、大型公共机构通过测算自身运营碳排放，通过"两山"平台购买居民分布式光伏、农户竹林碳汇等核证减排量，实现碳中和，打造低碳乃至"零碳"机构。助力"逐日"服务，即面向低收入人群，联合金融机构为安装屋顶光伏提供绿色金融贷款，创新无

忧收益模式，助推清洁能源发展，打造"光伏惠民"绿色低碳共富样本。

2. 取得的成效

通过党建引领志愿服务项目践行社会责任的探索实践，进一步增强队伍凝聚力，对个人、企业、社会均产生积极影响。

一是高扬党的旗帜。充分发挥共产党员的先锋模范作用，将党建工作全面融入综合能源各项业务工作，组织广大党员在志愿服务项目中，立足岗位亮身份、亮职责、亮承诺，比作风、比技能、比贡献。

二是提升队伍素质。"碳达人"志愿者全过程参与、常态化红船共产党员服务队协同参与的工作格局，织密全专业、全过程、全方位运作的"服务网"，切实将红船共产党员服务队的组织优势转化为实干实效的先锋力量。

三是助力生态建设。主动融入新时代文明实践点建设，实现"浙江有礼"省域文明新实践与供电服务有机融合。积极履行电力企业社会责任，助力生态文明建设，进一步探索实践，为公司开拓业务提供新领域和新角度。

参考文献

[1] 习近平.高举中国特色社会主义伟大旗帜　为全面建设社会主义现代化国家而团结奋斗——在中国共产党第二十次全国代表大会上的报告[R].2022.

[2] 新华社.安吉余村：全域"绿电"推进"零碳乡村"建设[N].2023-08-15.

关于深挖红色富矿做强党建品牌的探索与实践

王莹

摘要： 浙江浙能长兴发电有限公司（以下简称"长电公司"）牢记"发展循环经济、切实解决经济发展与环境保护'两难'"问题重要指示，深挖"红色富矿"，做优做强基于党员群众价值认同和情感认同的党建品牌，从品牌价值、视觉识别、内涵诠释、创新实践、工作成效等方面入手，创建"红源·绿动"党建品牌，将公司深厚的红色底蕴转化成高质量发展的底气。

关键词： 红色富矿　党建品牌　价值认同　创新成效

引言

国有企业做优做强党建品牌是贯彻落实基层党建工作的重要抓手，是深入融合中心工作的重要载体。"红色根脉"是党在浙江百年奋斗最鲜明的底色。本文全面总结了长电公司，深挖"红色富矿"，守好"红色根脉"，打造"红源·绿动"党建特色品牌，构筑起国企党员职工的精神坐标，汇聚起干事创业的磅礴动能。

1. 党建品牌创建的重要性和必要性

课题组着眼于品牌创建的预期目标分析其重要性与必要性，从而明确党建品牌创建重点。

1.1 加强国企党建工作的重要抓手

党建品牌是国企党建工作优势的汇聚、特色的挖掘，是不断总结凝练和持续培育的结果。基于现有的"红色富矿"——调研指示精神，加强顶层设计，研究规律、总结经验，将党建工作"品牌化"，实现党建工作在形式上有创新、内容上有特色、机制上有突破、方法载体上有变革。

1.2 深度融合中心工作的重要载体

党建品牌能够有效推动党建工作与中心工作深度融合，把党的政治优势转化为企业发展的核心竞争力。长电公司将党建品牌创建工作与企业中心工作深度融合，加强政治、思想、组织、作风、制度和纪律建设，形成党建引领业务、业务促进党建的良性循环。

1.3 激发基层组织活力的重要手段

党建品牌是企业党建工作的创新路径。开展"党建合创"活动，以品牌策划、品牌提炼、品牌实施、品牌推广等方式，发挥党建品牌的辐射和示范引领作用，不断激发党组织创新创效的内生动力，凝聚党员群众思想共识，建立"共同体"意识。

2. 党建品牌创建存在的主要问题

课题组结合工作实际和相关单位访谈，调研党建品牌创建存在的主要问题，增强品牌创建针对性。

2.1 政治站位不够高，对党建品牌"神"的塑造缺乏持久赋能

国企党建品牌创建是一项长期性、系统性工程，需要强化顶层设计。随着新时代党的建设新的伟大工程要求不断丰富，企业党建品牌内涵需要持续注入新思想、新理念、新动能，一些党组织党建品牌的形式、机制、

举措还存在"因循守旧"现象，未能及时将党的最新理论和重要思想赋能其中，得不到与时俱进的滋养灌溉。

2.2 统筹推进不到位，对党建品牌"形"的刻画缺乏清晰认识

创建党建品牌是党建高质量发展的实施举措，需要系统思考、统筹推进。不少党组织将党建品牌创建举措简单作为一项日常工作来开展，在推进过程中缺乏"党建品牌是什么？""有什么政治功能？""如何开展推广？"等更深层次、更高维度的考量，造成推进思路不够明确清晰、方案不够全面系统、措施不够具体有效。

2.3 创新载体不明晰，对党建品牌"融"的聚合缺乏久久为功

党建工作与中心工作有机融合，能够有效发挥政治引领作用，释放党建工作推动高质量发展的最大效能。一些党组织找不准切入点和突破口，没有把党建工作和中心工作深度融合、一体推进，导致党建品牌创建陷入口号化、空洞化、概念化的误区。由于内涵不丰富、机制不完善、形式不灵活，品牌载体与党员群众需求不能紧密契合，致使企业党建品牌在党员群众中知晓度、认同度和影响力偏低。

3. 党建品牌主要内涵与视觉化呈现

长电党委创建"红源·绿动"党建品牌，从色彩、文字、图案、理念四个层面开展视觉识别设计，寓意通过守好"红色根脉"为循环经济"绿色发展"提供新动能。

色彩上采用红色与绿色相结合，形成强烈的视觉冲击，表达了"红源·绿动"品牌的核心理念，红色代表党建，绿色代表循环经济绿色发展。

红色部分既是书籍造型，也是树根造型，寓意加强党的建设，守好"红色根脉"，是国企党建品牌的"根"和"魂"。

绿色部分是人与自然和谐共生的象征，参天大树寓意在红色养分滋养下，长电公司党委大力推进绿色低碳环保事业，打造循环经济火电样板，充满可持续发展的磅礴力量。

中间三个人物造型充满生机与活力，寓意以人为本、创新驱动，在党建品牌创建中注重发挥"人"的作用，建好队伍，履行国企政治责任、经济责任、社会责任。

4. 党建品牌特色做法

长电公司通过打造"四强"工程，有效促进"四力"提升，亮化国企党建"金名片"。

4.1 深挖"红色富矿"强根，提升凝心铸魂引领力

切实加强政治建设。健全学习贯彻新时代中国特色社会主义思想全链条体系，持续发挥思想教育工作凝心铸魂作用，通过深挖"红色富矿"，让鲜活的红色历史成为学习教育的思想财富，专题学习指示精神，围绕企业高质量绿色低碳发展不断拓新路、奠新基、出新招、谱新篇。把打造党建特色品牌与推动重点工作任务相融合，开展"学思践悟 走好循环经济绿色发展之路"主题学习周系列活动，以"原原本本讲""循迹溯源学""志愿服务行"为抓手，促进广大党员干部坚定不移地沿着指引的方向奋勇建功。

4.2 聚焦"创新驱动"强体，提升企业转型新动力

多元融合驱动发展。坚持发展循环经济与城市共生共荣的愿景，依托"固本强基"和"多元融合"两条主线，推进减量化、再利用、资源化三

大工程，建成长江以南地区规模最大的中水回用工程，实现"地表水零取用"，结合"废水零排放"项目成为国内首家"双零"燃煤电厂，通过投运国家级燃煤耦合污泥发电项目推动绿色低碳发展再升级。围绕绿色发展主线克难攻坚，扎实推进"三改联动"，扩大供热事业，做大"电厂+"产业延伸，融入城市公共事业，更大程度地参与到地方循环经济中。发挥"循环经济绿色发展走廊"作为浙江省生态文明干部学院现场教学基地的作用，集中展示循环经济发展成果与创新实践。

4.3 勤耕"主责主业"强基，提升能源保供战斗力

服务能源保供主业。动员全体党员群众立足岗位主动担当作为，在生产重点工作任务中，克服风险挑战、顶住压力，完成机组检修、重大技改项目等；提升设备检修治理效果，保证机组燃煤供应，扎实开展迎峰度夏、迎峰度冬、防台防汛等工作，奋力打赢能源保供"攻坚战"。强化安全生产主责。将绿色发展理念融入安全生产各方面、全过程，筑牢安全生产防线。落实"安全生产月"各项行动，充分发挥党支部和党员作用，通过签订"党员身边无事故"承诺书、开展党员"安全监督员"工作和领办党员"破难攻坚项目"等举措，促使党员干部在急难险重任务中奋勇担当，提高安全生产效能。

4.4 提振"绿色动能"强心，提升特色品牌感召力

打造立体宣传矩阵。策划守好"红色根脉"塑造"绿色蝶变"发展循环经济系列宣传，通过中国新闻社、《浙江日报》《中国电力报》、浙江电视台、长兴电视台等媒体平台营造良好的社会舆论。浙江卫视新闻频道《了不起的家乡》栏目聚焦长电公司循环经济发展作专题报道，进一步提升社会影响力。利用短视频、Vlog、精品课堂、"长电 e 家"微信公众号等形式掷地有声地讲好企业故事，形成全媒体宣传展示的效果。凝聚职工思想共识。抓牢经济社会发展与生态文明建设的"绿色"最大公约数，积极开展"政治宣讲""班前十分钟"等传思想、鼓干劲，带领广大职工坚定理想信念与企业同频共振。

5. 党建品牌主要成效

第一，企业品牌影响显著提升。公司浙江政协、各地政府部门、浙江国资各领域前来"循环经济绿色发展走廊""循迹溯源学"近3000人次，树立了绿色发展的新标杆。公司被评为2022年度"美丽浙江十大绿色发展示范单位"，被授牌为浙江生态文明干部学院"现场教学基地"。

第二，绿色转型发展颇显成效。深化党建工作与中心工作的深度融合，教育党员群众立足岗位建新功。机组累计发电量超过1300亿千瓦时；供热量超过950万吨；向大气减排二氧化硫约57万吨、氮氧化物约6万吨；回用中水超1.6亿吨，相当于13个西湖的蓄水量；处理湿污泥超过20万吨，打造更紧密的企地命运共同体。

第三，职工发展信心更加坚定。结合公司"3C"意识形态工作法，做好思想引导、政策解释等工作，传达了公司循环经济发展理念和转型升级发展举措，实现党员职工思想状态持续平稳向好，重塑职工对公司生存发展的信心，进一步激发职工干事创业的热情。

6. 结束语

长电公司党委"红源·绿动"党建品牌的创建是创新党建工作的有益探索和实践。重要指示作为长电独有的"红色富矿"，不断赋能党建品牌建设。接下来，长电公司党委将不断扩大党建品牌的影响力、凝聚力和带动力，实现高质量党建引领企业高质量发展。

基于数智化技术的电网安全管控新体系构建与实践

丁沈凡希　金国亮　吴国强

摘要: 为深化"安全管理数智化"思路,加快数字化转型,全面落地"数智强安"工程,本文提出了借助人工智能、云计算等技术,以电网安全监督管理为主线,依托安全风险管控监督平台,打造"管理一模式,数据一个库,信息一张网,监督一条线"电网安全管控新体系,形成多维度、立体式、全方位的现场数据智能感知、智能分析和智能决策的安全风险管理新模式,推动"管业务必须管安全"有效落地,全力提升安全风险管控水平。

关键词: 安全管控　数智化　远程监督

1. 概述

安全生产是关系人民群众生命财产安全的大事,电网数字化发展是实现"双碳"目标和构建新型电力系统的迫切需求。当前,电网运行、设备检修等任务繁重,2023年全年共计开展生产作业约4万项,传统的"人盯人"现场安全管控模式无法满足当前安全风险管控要求,安全管理穿透力不足,作业人员素质参差不齐,现场违章屡禁不止,因此,亟须不断健全安全管控体系,提升本质安全水平和事故防范能力。

为此,本文围绕"安全管理数字化"思路,以"数智强安"工程为抓手，提出了以数智化技术为基础的电网安全管控体系建设。依托安全风险管控监督平台，打破传统"人管安全"管控模式，打造"管理一模式，数据一个库，信息一张网，监督一条线"电网安全管控新体系，健全管控机制，深化管控创新，强化管控保障，从而提升安全风险管理水平，降低安全管控运行风险，利用数字化技术释放人员承载力，进而推动安全管控数字化、智能化转型升级。

2．体系建设

2.1 打造管理"一模式"，构建"平台＋专业"电网安全管控新模式

全面化推广安全管控"一平台"，加强专业协同，有效推动安全风险管控，安全培训管理、计划监督管理、作业安全风险管控等13大功能模块全面应用工作，充分利用中台服务强共享、促融合效能，实现各专业平台业务信息共享互通，有效提升安全监督业务在线化、数字化管控。

规范化应用安全智能"一终端"，加强安全管控智能终端应用培训，在数字化工作票班组率先开展现场应用，固化各专业终端使用流程，持续扩大终端在各专业班组和场景应用范围，实现违章就地告警，远程智能监控，确保安全生产风险的"可控、能控、在控"。

标准化运作安全督查"一中心"，2023年4月，湖州在生产指挥中心正式设置安全生产远程督查班，实现了生产、基建、营销远程督查的全融合及业务全覆盖，2023年9月，正式成立实体化安全督查中心，与生产指挥中心合署办公，采用"业务专业管理，资源集约管理"双管理模式，标准化推进市、县两级的"1＋N"安全管理模式建设。

2.2 搭建数据"一个库"，构建"设备＋知识"电网安全管控数据库

通过构建"电网智能数据库"对各电网建设、设备运检等各环节信息，统一标准形成历史台账等数据库。依托建立的数据库，整合PMS3.0

等内部数据，统一数据口径，形成数据一个源，实现电网设备信息数据的实时监控、随时调用。同时，将各环节的设备数据进行自动汇总分析，对设备健康状态进行动态评价，分析结果构建画像并以图表等形式可视化展示。

通过构建"安全专家数据库"制订年度轮训计划，培育选拔优秀青年人才参与安全督查中心实际运作。组织开展督查人员"安全监察证"取证培训，打造一支懂安全生产业务、精安全生产数据、会安全监督创新的复合型人才队伍，创新人员"绿黄红"三色"安全码"，进一步规范人员安全信息校核。

通过构建"典型案例数据库"，以反违章标准为抓手，将现有技术标准进行固化，实现对技术标准等集中管理和维护。同时增加违章、专家经验典型案例等模块，以便共享监督经验，避免监督内容覆盖不全面、不专业和案例问题的重复发生。新建精细化的电网安全管控"智慧助手"，辅助远程督查人员做出更加科学、合理的决策。

2.3　融通信息"一张网"，构建"网络＋数字"安全管控信息网

搭建安全全过程管控信息网，强化各阶段、各环节电网安全管控，实时掌握现场工作进度，规范现场工作流程，落实"作业计划全覆盖"要求，统筹检修与基建、变电与线路、高压与低压作业计划安排，开展安全风险等级审核，确保管控措施精准。按照"作业不停、监控不断"原则，实时监控工作目标、过程管理，支撑体系量化指标，及时发现指标偏差等情况。

打造安全管控全环节信息网，借助数据挖掘手段及时对接作业进程，并对现场安全监督工作进行及时纠偏和超前预防，对三级以上作业风险发布风险管控单。同时，基于安全风险管控平台获取设备台账、缺陷等数据，深化设备质量大数据分析，辅助生成专项监督各类分析报告，实现设备质量问题的自动分类和分析。建立在线安全教育培训档案，强化进场作业人员作业规程规范、安全工器具使用等，提升作业人员安全技术和作业能力。

2.4 推动监督"一条线",构建"智能＋闭环"安全管控监督线

强化安全评价新策略,提高安全监督监管工作效益。建立健全安全管控奖励制度,在监督工作中及时发现现场严重违章、有效避免安全事故的人员,在年度考核评价时累加相应积分,积分达到一定分值,评定为优秀并予以奖励,营造"全员讲安全"的良好氛围。

打造管控闭环新思路,提升安全监督监管工作效能。依据安全督查中心督查计划,有针对性地开展安全督查,积极应用执法记录仪等装备,对现场违章进行取证、记录,做好移动视频绑定、到岗到位、现场督查等数据管控,及时准确查纠作业现场存在的违章问题,第一时间要求整改闭环,切实提升安全反违章成效。

深化智能管控新模式,提升安全监督监管工作效率。通过完善安全工器具数字身份标签,融合数字化工作票,将安全工器具与作业计划关联,实时追踪出入库工器具状态信息,根据检测周期要求智能推送送检提示,有效解决人工督查易错易漏、时效滞后等问题,实现安全工器具的智能化管理。通过北斗融合终端划定电子安全围栏,作业人员穿戴智能装备,扫码绑定边缘计算装置和移动布控球,完成数字化工作票关联,将边缘计算装置与作业内容、安全措施等进行有效匹配、校核和联动,实现违章智能识别、实时告警、风险全景感知,切实提升作业现场安全管控穿透力。

3. 结束语

本文介绍电网安全管控新体系引入人工智能等数字化技术,依托安全风险管控监督平台,充分发挥安全督查中心管控中枢的职能,实现对电网企业安全风险管控的人力更省、管控更严、质量更优的安全监管。自安全督查中心成立以来,共开展远程督查3685次,发现查处问题423项,制止违章行为166起,下发整改通知书43份,进一步夯实安全生产基石。截至目前,湖州供电可靠性提升至99.99%,同时充分释放人员督查业务承载力,人均督查效率提升80%,减少人力资源成本投入40%。

参考文献

[1] 吴奉亮，常心坦，李学文 . 安全管控数据联机分析模式研究 [J]. 西安科技大学学报，2002，022（4）:392-395，403.

[2] 李川，王菁怡，王虎，等 . 一种基于数据互联的跨地域远程督查方法及系统 :202311379593[P][2024-06-18].

[3] 李昌龙，卢凤文，姬同旭，等 . 公路隧道施工数智化安全防控系统集成与开发 [J]. 交通科技，2020（6）:000.

以新载体提升火电企业创新能力路径探索

支育　郑冬浩

摘要： 本文从顶层架构和硬件实施方面总结了企业创新平台建设实践经验，结合"太湖之滨新能源创新联合体"案例，对科技创新全新载体在企业管理中的发挥引领作用的实现路径进行探讨分析，总结经验建议。

关键词： 科技创新　联合体

引言

2024 年 1 月，中央经济工作会议强调了"强化企业科技创新主体地位"的要求。面对一个高度信息化、市场竞争激烈的全球化时代，科技创新平台对企业竞争力的促进效应正在不断凸显，传统火电企业如何打造自身科技创新平台和载体，形成和提高企业自身核心竞争力，进而助力企业高质量发展将成为企业面临市场考验的重要问题和挑战。

1. 火电企业科创平台建设实践与分析

2021 年 10 月，中国华能集团清洁能源技术研究院有限公司储能技术部、浙江大学热能工程研究所、长兴太湖能谷科技有限公司、华能长兴电厂四方签订《关于建立"太湖之滨新能源创新联合体"的合作框架协议》，利用长兴电厂老厂区闲置土地建立创新联合体，开展产业研究合作。四方定期召开工作推进会，不断优化管理协作模式，探索推动平台建设。

1.1 强化基础管理，创新平台硬件建设模式

配套基础硬件保障的好坏是决定创新平台研发能力的决定性因素。创新联合体利用长兴电厂老厂区闲置土地建设新能源技术研发试验平台，规划建设储热、储能实验平台，分散式移动供热试验平台，蒸汽能分级利用、乏汽和疏水余热回收试验平台，飞轮储能试验平台，压缩空气储能试验平台和超临界二氧化碳试验平台等，推动相关科技成果转化。排查梳理发现，老厂区现有配套配置无法满足试验平台的相关需求，具体表现为：试验平台需要高参数高负荷的电力、燃气、蒸汽的用能需求，消防、通讯、住宿等配套设施，以及实验平台维护人员、试验协助技术人员等人才用工需求。

为满足上述需求，电厂一方面明确管理边界，与浙江大学签订《华能（浙江）能源开发有限公司长兴电厂为浙江大学热能工程研究所在长兴合作共建"太湖之滨能源创新联合体"提供的支撑性配套协议》，明确双方在后续试验平台建设过程中的责任分工及产权划分。另一方面，整合内部及周边资源，通过安排来厂区大用户错峰用电进一步挖掘电力供应潜力，通过与周边电厂签订合作研究协议落实蒸汽资源，通过利用电厂工程师资源解决试验平台基础用工需求，通过老厂区大学生公寓改造契机，统筹落实天然气、消防、住宿等配套条件，通过技术转移、项目合作等形式落实基础建设费用。最终形成了集电、煤、燃、热功能于一体，满足立体化需求的新能源创新联合体试验平台。

1.2 做好顶层设计，打通平台管理链路

良好的科技创新体系有助于促进产业的进步与发展，提高企业的市场经济效益。电厂结合科技部、财政部《企业技术创新能力提升行动方案》精神，继续深化创新联合体建设与管理模式的顶层设计，探索产学研融合新模式。开展前置性合作研究，积极拓展科技项目合作广度与深度，利用储能技术大发展和火电厂转型升级的风口，依托场地优势，以创新联合体的形式进行科技项目申报，为老厂综合利用、新厂减碳发展多作贡献。创

新多种人才交流模式，通过技术人才入驻开展研究任务、校企合作人才定向培养等方式，打造人力资源共享平台。目前，已形成集技术创新应用、合作研究、人才培养于一体的开放式平台化合作模式。

2. 创新联合体平台作用开发的探索与实践

2.1 以新能源技术研发为突破口，推进平台提升

新能源技术研究是企业高质量发展与创新联合体创新创效的结合点与突破口。电厂结合企业工作重点和"痛点"，与厂内技术资源对接，以联合体为责任主体开展科技项目的申报与实施，加强联合体信息平台建设，充分了解国家最新政策，加强与政府及上级公司沟通与汇报，突破传统发展模式，加快融合与转化效率。平台以科研课题为依托，共同合作，促进科技项目在创新联合体平台落地，通过科技项目的实施提升平台研发能力；研究方向方面，储能技术链条较长，计划以储能电池消防技术研发等内容为侧重点，将创新联合体试验平台纳入储能技术链条的研发环节；建设目标方面，希望能通过创新联合体平台，以消除实际技术痛点为目标，做值得推广、经得住检验的好项目。已利用创新联合体平台开展《分散式移动供热技术研究及应用》科技项目合作研发，项目于2022年9月完成结题验收，完成了相变材料、移动蓄热集装箱等多项关键技术的研发，完成了相变材料、移动蓄热集装箱、供热管理系统等多项关键技术的研发，受理发明专利15项，实用新型4项，授权实用新型1项，发表论文2篇，编制企业技术标准1项。该项目为企业供热能力拓展和综合能源服务能力提升打下了坚实的理论基础。同时，与浙江大学达成能源综合利用技术研发方面的合作意向，矩阵式研发火电能源高效利用和清洁能源开发技术。

2.2 以政产学研合作为路径，强化资源整合

企业作为众多原创技术的"策源地"，对于攻克原创技术、"卡脖子"技术等目标导向的创新具有不可替代的优势。然而原创性技术往往具有研发周期长、研发投入高等特点，因此，企业需要根据实际需求，对研

发过程进行创新管理，建立完善的研发管理监管流程，对研发过程中容易出现问题的环节重点监控，降低可能出现的风险。以"太湖之滨新能源创新联合体"为例，创新联合体依托企业、研究所和高校等三方机构，聚焦科技成果的产业化和工业化研究，设立了智慧储能实验室、智慧风电实验室、风光储一体化实验室等创新实验室，在多个领域开展技术研发合作，组织申报并承担各级政府科研项目和监管服务项目，充分实现优势互补共同发展。太湖能谷目前正处于业务发展爆发期，计划将一部分研发任务放在创新联合体平台进行，安排技术人才入驻开展研究工作，同时，企业发展正面临人才供给不足的"瓶颈"，借助本平台，通过合作进行课题研究、人才定向培养等多种形式开展校企合作。浙江大学热能工程研究所将发挥技术人才资源优势，全方位与联合体各成员单位探讨合作，包括帮助或者联合培养所需要的人才梯队。前置合作研究，积极拓展科技项目合作广度与深度，利用储能技术大发展和火电厂转型升级的风口，依托场地优势，为老厂综合利用、新厂减碳发展多作贡献。

同时，创新联合体与县科技局、所在地的开发区科技部门积极对接，将联合体发展融入长兴县"打造新能源科技创新平台"的重点工作方向规划，在政策支持、企业发展、合作调研、资源整合等方面得到诸多帮助，并获得了 2022 年度产学研合作政策补贴 20.47 万元。

2.3 以人力资源管理为抓手，优化创新梯队

对人力资源的管理是企业管理创新的关键，人才是企业知识、技术和智慧的支撑和根本。企业对人力资源的管理需要从人才的引进和培养两方面进行。人才的引进需要企业主动吸纳相关领域的优秀人才，建立属于企业的人才储备库。对现有的科技人才进行分类统计和集中管理，分析人才储备情况，对可能的人才流失率和需求量进行及时更新，确保企业研发的进程和效率。人才的培养需要企业建立内部交流平台，营造开放包容的办公氛围，发挥人才之间的集聚效应，让知识和技术得到充分共享，从而给企业带来新的活力。长兴积极将企业技术和创新人才培养与联合体建设工作相结合，通过组织对口人才参与到科技研发当中，提升人才科技创新热情，保障学习中的获得感，实现学有所得，学有所成。

3. 结语

华能长兴电厂利用老厂区闲置土地，打造创新联合体平台整合政产学研资源，在高质量创新助力企业高质量发展方面取得了初步进展，后续将持续深化合作机制革新，探索互利共赢模式，为传统火电厂转型升级提供参考样本。

参考文献

[1] 马长娇. 技术创新在企业发展中的作用 [J]. 企业改革与管理，2014（20）：13.

[2] 饶锦宜. 科技创新在企业管理中的重要性 [J]. 商业文化，2021（35）：38−39.

[3] 王庆军. 科技进步与创新对现代化企业管理的推动作用 [J]. 中国高新技术企业，2015（3）：170−171.

[4] 郑鸣皋. 科技创新与企业可持续发展策略探究 [J]. 科技经济市场，2021（11）：2.

[5] 樊欣. 浅谈企业管理和科技创新的关系 [J]. 中外企业家，2019（29）：40−41.

浅析国企纪检机构如何构建"大监督"体系

马克研　　王瑶

摘要：国有发电企业作为民生发展的基石，其企业预防腐败，保证国有资产保值升值，是企业纪检机构的职责所在，那么如何守住底线呢？党中央明确指出，各级纪检机构要以党内监督为主导，推动各类监督有机贯通、相互协调，形成常态长效监督合力，本文浅析如何在企业党委统一领导下，充分发挥纪委组织协调作用，借助专责监督、职能监督、群众监督等各类监督手段，建立"目标统一、权责明确、同向发力、优势互补、上下联动、左右协同、信息互通、成果共享"的"大监督"体系。

关键词：国企　纪检机构　大监督

引言

国有企业坚持以新时代中国特色社会主义思想为指导，以党内监督为主导，以政治监督为统领，根据中央及上级公司构建"大监督"体系的要求，结合《中国共产党党内监督条例》及工作实际，探索构建企业"大监督"体系，进而促进企业各类监督统筹衔接、协同发力、提升效能。

1. 设立组织机构

1.1 构建三级管理体系

构建三级管理"大监督"体系，即"党委领导、纪委主导、多方参与、惩防并举、注重效益"的全方位、多维度、立体式"大监督"工作格局。首先，由党委统一领导，可以有效统筹协调各类监督力量，其次，纪委主导党风廉政建设和反腐败具体工作，最后，成立各部门负责人为成员的联动监督组。

1.2 全方位执行协同体系联动

首先，做好统筹谋划，树立系统观念，年初制订各部门"大监督"成员部门年度监督工作计划，清单化建立监督台账，小切口选题推进工作具体化，突出采购招标、物资管理、燃料管理、工程建设、电热副产品管理、"三新一高"、科技创新、转型发展等重点领域，选准切口抓实监督。其次，日常以"大监督"工作联席会议形式，传达贯彻党中央有关精神和上级有关部署要求，收集各相关部门履行监督职责情况，如重点针对党建宣传、"三重一大"、制度建设、选人用人、绩效分配、安全生产、节能环保、燃料采购、商务采购等领域，协调解决工作中遇到的重大问题，及时交流监督现状及发现的问题，对一些疑难问题开展"会诊"，对存在的问题进行评估，提出考核意见，形成监督合力。

2. 采取的监督形式

2.1 上下联动监督

（1）横向联动监督。企业与上级公司以开展支部共建的形式，聚焦深入推进企业战略目标和年度各项目标任务，围绕重点难点问题，通过结对共建，加强与党建、法务、财务、内控、人资、纪检、巡察等业务部门的横向联系，充分发挥上级公司资源优势，从多方面指导和帮助企业，实现成果共享，联动贯通，提升工作效能。

（2）巡视巡察监督。企业纪检部门通过接受上级常规巡视巡察、专项巡视巡察、"机动式"巡视巡察和巡视巡察"回头看"等。

（3）审计专项监督。企业审计部门通过接受经济责任审计、财务收支审计、投资项目审计和专项审计，围绕中心工作，聚焦高风险领域、关键岗位、重点环节，着力查找"一把手"和领导班子违规经营投资、利用职权谋取不正当利益等行为；督促推动深入整改审计发现的问题；开展违规经营投资责任追究。

2.2 内部专项监督

（1）人事监督。企业组织人事部门根据干部管理权限对"一把手"和领导班子及其成员进行监督；对选人用人工作、干部履职尽责、担当作为情况进行监督；对领导干部配偶、子女及其配偶经商办企业行为进行监督；对领导干部因私出国审查、有关事项报告进行查核；按规定对关键岗位人员进行轮岗；受理选人用人问题举报并进行调查处理。

（2）财会监督。企业财务部门对财经法规、财税政策、会计准则和财务管理制度执行情况进行监督，对财政资金的管理和使用进行监督，防范化解金融风险。

（3）采购监督。企业采购部门对采购招标法规制度执行、采购管理体制机制落实、需求采购决策各关键环节廉洁风险防控进行监督，强化供应商、评标专家规范管理，开展采购招标监督检查和问题整改，对相关异议投诉、不良行为进行处理。

（4）综合监督。企业党建、行政部门对落实企业党委关于加强党的建设、全面从严治党等决策部署情况进行监督；对落实"三重一大"决策制度、贯彻落实中央八项规定及其实施细则情况、履职待遇、业务支出、档案管理、保密管理等情况进行监督；对群众信访举报按照有关规定进行处置。

（5）职能监督。企业相关职能部门根据照职责分工加强管理领域的监督，督促指导所管理领域严格按照法规制度办事，强化对重点领域、关键环节监管，强化从业人员的廉洁警示教育，及时发现苗头性、倾向性问题，采取针对性措施防范化解风险，严防影响企业政治安全、形象安全事件发生。

2.3 群众参与监督

贯彻党的群众路线，健全群众监督制度，保证群众的知情权、参与权、表达权、监督权。规范检举控告的接收、受理、办理、处置程序，发挥群众监督作用。不断创新方式方法，积极做好宣传引导，通过设立举报信箱、举报电话，开设厂领导接待日等，拓宽群众反映意见、信访举报渠道，推进纪检监督和群众监督有效衔接，汇聚起群众支持参与监督的合力。

3. 落实工作机制

（1）定期会商机制。企业党委每半年召开一次会议，听取"大监督"工作情况汇报，研究通过"大监督"机制发现的重大问题。每季度召开一次"大监督"联席会议，成员部门汇报监督工作及发现问题，对共性问题进行会商，对统筹衔接事项进行协调对接，对问题整改情况进行督促。

（2）信息沟通机制。年初成员部门将监督职责范围内牵头开展的监督检查、督查考核等工作计划安排报纪检部门，由纪检部门商办公室等，统筹安排监督检查和考核工作。成员部门主动配合其他部门监督工作，积极提供监督所需资料；在严格遵守保密规定情况下，主动通报监督中发现的问题和问题处理情况，实现监督成果共享。

（3）协同联动机制。加强纪检、巡视巡察、审计监督贯通协同，相互提供所掌握的被监督部门情况，围绕巡视巡察整改、审计整改、审计问责等重点工作进行沟通。相关成员部门按照"大监督"统筹衔接事项清单，聚焦重点任务、重要环节，协作配合，形成工作合力。

（4）线索移交机制。成员部门对日常监督、巡视巡察、审计等工作中发现或收集到的问题线索，根据规定程序及时移交纪检审计部。纪检部门对成员部门移交的问题线索，根据规定办理并反馈办理情况。

（5）联动处置机制。成员部门按照职责权限，对巡视巡察、审计监督、经营投资、安全生产、燃料管理、采购招标、环保技改、选人用人等发现的问题，依据相关制度规定追究责任；纪委依规依纪依法处置有关问题线索，精准运用"四种形态"进行处理。

（6）集成整改机制。各部门牵头对各类监督反馈本领域问题进行整合，建立问题清单及整改台账，一体整改、集成整改，避免多头、重复整改，提高整改效率，推动标本兼治。

（7）整合资源机制。会聚各专业领域的人才，建立完善巡视巡察、纪检、审计等各类人才库，加强监督人才的选拔、培养、使用和储备。

（8）创新手段机制。发挥各业务领域现有信息化平台优势，针对主要廉洁风险点，加强过程管控，实现在线监督。进一步加强信息平台数据共享，提升发现问题的能力和水平。

4. 保障措施

（1）以问责倒逼担当。坚持问题导向，聚焦发现问题、处置问题、整改问题，切实履行监督职责，做到底数清、情况明、数据准，及时堵塞漏洞，健全完善制度；对发现履行监督职责不到位、职责范围内有关重大问题牵头整改不力应当追究责任的情况，依据相关规定追责问责。

（2）落实专人负责机制。要求各职责部门安排专人负责，立足岗位职责，主动加强信息沟通，注重协同联动，实现成果共享。问题线索及时移交、联动处置，监督发现的问题要集成整改、一体整改，确保各项工作机制落地落实。

（3）协作配合提质提效。将考核机制纳入制度管理，要求牵头部门起到统筹谋划和组织协调作用，配合部门要同向发力，工作过程中加强沟通交流，统筹安排监督事项，优化监督检查工作安排，确保"大监督"体系运转顺畅、高效。

5. 结语

　　企业"大监督"体系的建设，是推动上下级之间、各部门之间协同联动、同向发力，提升目标一致、步调统一，资源整合、监督联动的有效手段，借此"点题式"监督方式，最终推动企业落实中央八项规定精神、采购招标、新能源建设等领域监管落实到位，护航企业行稳致远。

确权背景下省管产业单位资金管理运作优化研究

朱亦翀

摘要： 在国资国企改革、省管产业单位改革改制的大背景下，抓好资本纽带建立、财务资产融合，逐步实现主产同质化管理成为重点工作。本文聚焦省管产业单位资金管理运作优化，在满足公司产业单位财务资产融合工作相关要求的前提下，充分结合产业单位资金安全管理基础和精益化水平较为薄弱的实际情况，形成兼具适用性和可行性的省管产业资金管理模式，以提高资金使用效益和运作效率，协同推进资金管理安全、合规、精益、高效，助力公司高质量发展。

关键词： 省管产业单位　资金管理模式

1. 研究背景

近年来，国家电网公司深入贯彻落实党中央、国务院国资国企改革的总体部署，稳步推进省管产业单位改革。为使省管产业单位快速适应改革要求，优化提升管理模式，有序推动财务资产融合，本文结合相关监管政策与管理实际，探究形成安全保障、运营规范、适度前瞻的省管产业资金管理模式，进一步助力公司成为国网公司建设具有中国特色国际领先的能源互联网企业的"示范窗口"。

2.研究思路

本文主要聚焦省管产业单位资金管理运作优化问题，在满足省管产业单位财务资产融合工作相关要求前提下，充分考虑省管产业单位管理实际与需求，保障资金供应使用安全，适应融合发展新要求，依法合规、防范风险、平稳有序推进优化省管产业资金管理模式。

3.资金管理现状及差异分析

3.1 银行账户管理

从账户开立机构来看，省管产业单位未开立中电财内部账户，无内部封闭结算要求。从账户开立标准来看，省管产业单位未明确账户开立范围，仅对每户省管产业单位的账户总量有数量控制。从账户开立审批程序来看，省管产业单位未详细明确账户开立、变更、撤销审批程序，仅笼统规定审批流程及监控授权等。

3.2 资金集中管理

省管产业单位集团账户体系较主业单位多一层级，由于组织机构体系原因，天然存在需要更多账户层级的业务需求。此外，账户归集率未达到100%。

3.3 资金结算管理

从账户管理模块来看，省管产业单位账户开立、变更、撤销手续采用线下审批、线上录入模式。账户相关内容大部分通过线下方式管理，存在台账缺失、遗漏等风险。从审批模式来看，省管产业单位部分单据仍需进行线下审批，且单据内容未实现全封闭传递，线上审批流于形式。从支付模式来看，省管产业单位采用传统网银模式支付，全面推行电子支付有一定难度。从系统集成程度来看，省管产业单位资金管理各项功能零散分布在各个系统，无法形成一体化管控。

3.4 资金安全管理

从对账模式来看，省管产业单位仍采用人工手动对账模式，存在一定的资金风险隐患。从资金监控模式来看，省管产业单位仅设立少量资金监控稽核规则，大部分业务以线下管理为主。监控率未达到100%，且未设置风险触发预警及考核机制。

3.5 资金运作及融资管理

从资金收支预测来看，省管产业单位在管理精细度方面、信息化水平方面、管理要求方面较主业单位均存在不足。从资金运作收益分配来看，省管产业单位资金运作对象为系统内主业和产业单位，资金运作收益在资金池成员单位间分配。从融资管理来看，省管产业单位各产业集团间融资审批模式及要求并不统一，且审批程序相对简单，除线上上报外，其余流程均通过线下完成。

3.6 资金管理制度及考核指标

省管产业单位资金管理制度内容欠完整、框架不明确、规定不细致。而且，目前暂未设置资金管理相关考核指标。

4．资金管理运作优化建议

4.1 规范资金账户管理，开展账户清理整合

省管产业单位银行账户数量多、类型杂，账户管理问题突出。在省管产业单位资金账户管理制度尚未更新或与主业同质化管理的前提下，建设产业单位资金账户线上管理平台，开立中电财内部账户，推进省级集中支付，对超标准等各种因素开立的账户进行清理，并根据法人治理结构，深入开展现有冗余账户的清理整合，增强资金创效能力，提升效率。

4.2 加快集团账户搭建，推进资金监控授权

基于现状及制度要求，对接商业银行，对现有集团账户产品进行功能改造，账户层级由四级增加为五级，将省级省管产业单位账户挂接至省电力公司账户层级下，原有省管产业账户下挂情况保持不变。在这种模式下，通过增加一个省电力公司的账户层级，实现主业和省管产业资金池实时融通，有利于带息负债压降。

4.3 确保资金支付安全，推动信息系统改造

确权后省管产业单位信息系统数据接入基本可采用两种方案；一是完全使用主业单位系统；二是完善现有省管产业单位信息系统。这两种方法各有优劣，须妥善比较后进行改造。

4.4 完善资金管理制度，规范资金管理体系

基于省管产业单位资金管理现状，结合改革进程及浙江实际，应修订完善现有资金管理制度，做到全面性和层次性相结合、前瞻性和有效性相结合。一是梳理现有制度内容，对资金管理办法重新架构，删除重复内容；二是完善原有制度中未表述完整的内容；三是根据资金融合后的管理模式，修改与主业单位规定完全不同的内容。

4.5 推行资金"按日排程"，加强收支预算管理

基于信息系统融合情况，启动现金流"按日排程"管理要求，提升资金收支精准性。前期建议省管产业单位按月编制月度收支预算，纳入公司整体月度资金预算范围，对省管产业单位月度收、支、余实行总量管控。后续结合业务实际，稳步推进省管产业单位现金流"按日排程"建设，提高资金管理精益化程度。

4.6 完善融资决策程序，合规开展资金保障

建议省管产业单位统一按照"三重一大"管理要求，执行融资预算决策审批程序。同时，根据司库管理办法要求，统筹编制年度融资预算、月度融资计划，并严格按照国网公司总部批复执行。

4.7 加强财务梯队建设，关键岗位监管到位

在地区内逐步开展财务人员集约化管理，推进财务共享中心建设与实施，确保出纳、资金收支审核等资金管理关键岗位使用正式编制员工，强化资金风险防范管理，提升资金支付效率。

4.8 统筹建立指标体系，确保经营指标在控

围绕国网公司考核要求，构建省管产业单位资金管理考核评价体系，强化带息负债、资金安全管控工作。省管产业单位可参照主业单位考核评价体系，结合自身企业管理需要，明确关键业绩指标、专项考核评价指标、考核标准和权重，以及考核频率和流程。

5．预期目标

省管产业单位资金融合将围绕一流的司库体系建设，提升公司整体资金精益管理水平，提高资金使用效益和运作效率，强化资金安全风险防控，促进省管产业单位资金管理安全、合规、精益、高效，助力公司电网建设及提质增效。

5.1 近期目标

计划在年内实现以下目标：完成基础台账信息维护，完成账户、密钥、印鉴的规范管理，开展现金流"按日排程"和省级集中支付，完成账户监控和挂接办理，完成年度资金管理指标管控。

5.2 中期目标

计划在 1~3 年内实现以下目标：完善省管产业单位财务及资金管理制度，提高省管产业单位整体现金流管理水平，全方位加强资金安全管控，提高省管产业财务人员业务素质。

5.3 远期目标

计划在 3~5 年内实现以下目标：实现主业与省管产业资金全面管理

融合，逐步与主业单位统一管理平台，全面实现资金管理安全、合规、精益、高效，打造与世界一流电网企业相适应的司库管理体系。

6. 研究结论及改进方向

本文深入分析省管产业单位资金管理现状，并提出兼具针对性和可行性的优化建议。本文对于解决省管产业单位现有问题和助力形成完善的资金管理模式具有一定参考价值。

本文仍存在一定的改进空间，需在改革进程中结合省管产业单位的实际情况进行不断调整完善。

参考文献

[1] 肖赛兰，刘皎洁，杨俊峰，等. 国家电网公司产权改革后省管产业单位管控模式研究 [J]. 企业改革与管理，2023（20）：9-12.

节能降耗在运行管理中的实践与创新

郑书明　　盛伟斌

摘要： 目前，创建"两型"企业已成为发展趋势，特别是能源企业，要注重绿色、低碳、环保的生产经营模式，随着电力体制改革的不断深入，电力企业在发展过程中更重视节约能源和降低消耗的理念。华能长兴分公司不断扎实推进节能降耗工作。瞄准预定目标，寻求最优措施，从管理节能、技术节能、行为节能入手，多措并举，综合施策，攻坚克难，节能降耗收到了显著成效。

关键词： 低碳　电力企业　节能降耗

引言

节能降耗在运行管理中主要有三大方向：一是管理节能；二是技术节能；三是行为节能。要推动精细化管理，就要用科学的标准化管理体系和方法来建立一种"有章可循，有人负责，有人监督"的管理模式，强化运行管理、开展节能技改、强调宣传和引导并重，并为部门管理人员在节能降耗工作开展的过程中提供参考。

华能长兴分公司持续推进节能降耗管理，在管理节能、技术节能、行为节能等方面建立了一套完善的管理体系，制定了符合电厂实际的管理标准、技术标准和岗位标准，节能治理水平不断提升，运行小指标逐年优化。

1. 节能降耗的意义

企业在电力新形势下，面临着严峻的挑战，企业间的竞争也越发激烈。为了在市场中占据有利位置，采取有效的节能降耗措施，降低电厂的运行成本。一是企业"提质增效"，保证可持续发展的外在要求。二是新能源装机容量不断增加，火电机组利用小时数缩小。三是燃煤价格"高企"，对发电企业节能管理、成本控制也提出了更高的要求。

2. 节能降耗的思路

节能降耗标准化的创建工作以安全生产为底线，根据不同专业进行量化，通过流程再造提升管理效能，不断完善和优化运行管理标准、技术标准和岗位标准，实现了管理内容、流程、标准、评价的标准化、程序化、科学化，做到凡事有章可循，有人负责。

3. 节能降耗的内容

3.1 管理节能

3.1.1 加强组织建设

全力做好节能降耗工作。一是成立运行部节能诊断工作小组。设立节能专责担任组长，各组长轮流主持召开每个月节能降耗分析会。节能诊断小组对当前节能薄弱环节进行重点讨论，根据对标分析结果，谋划下一步工作。二是成立运行部节能降耗领导小组。领导小组负责统筹协调，督促将各项目标任务分解。强化责任落实，着力抓好各项任务落实，确保制度到位、措施到位、成效到位。

3.1.2 加强制度体系建设

由节能诊断小组和领导小组统一部署。一是制定运行部节能管理制度，完善节能措施，规范运行操作程序。部门根据设备运行规律和季节性气候变化的特点，制订了适合生产部门的《十三项节能监督管理制度》《节能考核细则》《设备运行管理规范》等一系列节能降耗工作制度。二是制定《XXXX年度节能任务计划》，明确年度任务。根据年度任务书，对任务目标按月分解，每月同比分析，形成《节能达标治理报告》。制定《运行小指标竞赛细则》，根据小指标完成情况，编写月度《小指标分析月报》上传厂网公布学习。三是制定节能标准化管理流程，主要体现在设备运行管理标准化、流程化，对重点耗能设备制定专门的节能措施，并在《月度节能诊断报告》中专门分析耗能情况，建立详细的节能措施台账，在台账中逐步优化节能标准和流程。

3.1.3 明确节能措施管理标准

将节能工作由细化、量化到标准化。根据不同专业制定相应的精细化管理标准。例如，汽机专业根据季节制定循环水泵冬季与夏季不同的运行方式，凝泵辅调在机组不同负荷下参与调节，降低了厂用电率。锅炉专业应对锅炉在不同的煤种下调整吹灰压力，动态节约用气量。除脱根据原烟气硫分变化趋势调整吸收塔密度、浆液量，精细化消耗石灰石粉量。电气专业设置智能照明控制系统的区域，根据天气情况控制照明设施的开闭时间，配电室的空调和照明全部明确使用规定，并在开关和空调上，贴上使用标识，起到提醒作用。

3.2 技术节能

技术节能主要是采用人为干预、技术改造的方式对其进行优化，实现节能降耗。一方面，通过节能分析会将人为干预的方法进行固化；另一方面，从技术层面进行改进并提升管理节能手段，也可利用智能化的管理方法，提高技术管理效能。在制定节能降耗的技术措施上，结合目前的热蒸气温度，降低排烟温度高，凝泵电耗与磨煤机电耗偏高的特点，制定相应的节能方案。加强重点用能设备节能审查和日常监管，确保年度指标全面落实。

3.2.1 建立 SIS 智能化数据平台

SIS 平台主要功能是采集数据和计算数据，采集数据包括电流、压力、温度等。计算功能包括机组补水率、用电量等。通过全面的数据采集来分析设备的指标状况，实现对节能降耗数据的深度挖掘。为日常决策和运维提供数据支撑。SIS 主要模块功能包括：设备参数趋势、查询耗能情况（耗电量、补水量、减温水使用量等）；提供不同参数的耗能，包括磨煤机电耗、送风机电耗、主气温度、再热蒸气温度、氧量等，并对能耗异常指标进行预警。以 SIS 平台为支撑，实时监控能耗数据，并以点概面，确保数据高效利用。

3.2.2 重点指标的技术措施

（1）优化锅炉燃烧调整。针对机组高负荷下经常出现飞灰含碳量高，排烟温度高，主再热气温低，机组接带满负荷能力困难等，通过摸索调整试验，分析产生问题的主要原因为受热面结焦、煤质变化、风压变化引起，并制定了相应的技术措施，例如：机组在带高负荷过程时尽量提高二次风箱压力；机组在高负荷时出现引风机出力受限时，可通过二次风小风门及燃尽风风门的调整后适当减小送风机出力，让引风机出力留有余地等，并制定相应的方案《引风机出力防止超限的技术通知》《运行部吹灰技术通知》《防止空预器二次风量突降的技术通知》，有效降低了飞灰含碳量，排烟温度高，提高了主再热蒸气温度等问题。机组轻松实现满发，确保容量电价全额获取。

（2）降低厂用电率。明确降低厂用电率的思路，主要解决设备裕量过大，长期处于低效运行状态等问题。运行在以机组安全可靠性为前提下，结合实际，不断挖掘节能潜力，谋求企业经济效益最大化。针对目前循环水泵、凝泵电耗磨煤机、脱硫系统等高电耗系统，加强优化调整技术措施。在具体工作中，建立循环水泵台数与循环水温度、排气压力的对应曲线，加强循环水水质监督；减小凝结水系统管道阻力，减少调节阀调节流量；提高磨煤机进出口温度，控制一次风压，保证碎煤机连续运行；电除尘设备科学治理，优化输灰系统运行方式，优化浆液循环泵运行方式，添加脱硫增效剂，加强除雾器冲洗等系列技术措施。另外，固化措施，制定了《循环水泵运行方式规定》《凝结水泵辅调控制逻辑修改》《制粉系统节能技术措施》《除脱系统节能技术措施》等专项方案，以及其他系统的节能优化，汇编《运行部节能技术措施明细》。

3.3　行为节能

3.3.1　构建模块化培训体系

节能标准化工作开展以来，大力开展节能降耗培训工作，增强运行人员节能意识，并把培训工作纳入部门节能降耗领导小组年度工作计划，细化年度培训工作方案。利用月度、季度、年度开展节能降耗培训会。定期举办开展节能降耗的知识竞赛等活动，做好宣传与培训两条腿走路。根据小指标排名，竞赛成绩，创新成果建立运行人员的岗位动态量化考评表。通过"运行恒新工作室"，下发每月《月度节能治理与下月节能工作计划》到各职工学习。开门纳谏，围绕"节能金点子"的活动，积极听取职工对节能降耗的建议。

3.3.2　加强宣传引导

节能降耗工作决定不是某一个人能承担的，需要在节能降耗领导小组的带领下，所有员工共同参与。定期开展主题宣传活动，时刻提醒广大职工多思考，优化调整机组参数，勤调整，通过大屏宣传展板循环播放宣传视频、发放节能口袋书、发布节能降耗倡议书、承诺书签名等形式，宣传节能降耗、节约集约等理念。广泛对生产区所有照明开关、空调的醒目位置处张贴温馨提示语，引导广大职工在日常工作中牢固树立节约意识。

3.3.3　强化监督管理，坚持节能理念

运行部采取日常监管和"随机查"相结合模式开展节能监督检查。通过节能监督网络，组织开展重要能耗指标定检工作，对节能指标进行日分析、周总结。

4. 结束语

华能长兴分公司自推行节能管理标准化以来，取得了实质性的进展，实现了年度综合供电煤耗下降 1.5g/kWh 的目标，有效提高了机组效率。接下来，部门将把节能工作与企业的发展、经营紧密联系，继续深化开展节能降耗、队伍建设、规则制度完善等各项工作，以提升企业的精益化管理水平。

参考文献

[1] 方久伟，潘丽洁，魏子仪，等 . 低碳经济背景下火力发电厂节能减排测度及碳定价问题研究 [J]. 中国集体经济，2022（31）:94-96.

[2] 李继胜 . 火力发电厂节能运行经济性思考与建议 [J]. 能源科技，2022, 20（5）:92-95.

[3] 王林健 . 火力发电厂锅炉运行控制的节能策略探究 [J]. 现代工业经济和信息化，2022, 12（8）:234-235, 258.

基于全要素资源的地区理想调度体系探索与实践

吴夕纯　　丁一凡　　周林

摘要： 在"碳达峰、碳中和"目标的引领下，电力行业面临着能源结构转型的重大挑战，电力系统供需平衡、系统调节、稳定特性等方面存在诸多不足。探索性地提出了基于全要素资源柔性调控的地区理想调度体系，旨在通过数智化技术支撑电网精益管理，推动地区电网调度向全网协调调度转变。本文详细阐述了体系构建思路、主要措施、实施效果，结果表明该体系在改善电网运行效率、提升供电质量及优化能源结构方面成效显著。

关键词： 新型电力系统　源网荷储　移峰填谷　理想调度

引言

2020 年 9 月 22 日，第七十五届联合国大会上中国提出力争于 2030 年前二氧化碳排放达到峰值，努力争取 2060 年前实现碳中和。在"碳达峰、碳中和"目标的引领下，提出构建新型电力系统。为此，电力行业开展了积极的探索与尝试。以浙江电网为例，浙江电网具备"大受电小开机"的常态运行特点，即受端购电、分布式清洁能源成为主要电源的发展形势。如何在地区电网层面升级电网调度控制方式，推进突出主网调度向全网协调调度形态转变，为区域电网的转型发展提供有力支撑，是明确新型电力系统背景下地区调度管理提升的重点工作之一。

本文通过坚持安全经济理想调度的理念，以"安全高效、清洁低碳、灵活柔性、智慧融合"为目标,推广构建基于全要素资源柔性调控的地区理想调度体系。详细阐述了该体系构建的形势问题、主要做法及其实施效果,旨在为新形势下地区调度体系建设与管理提供新的思路和方法。

1. 形势任务及问题分析

随着大规模分布式新能源接入,传统地区电网在供需平衡、系统调节、稳定特性、配网运行、控制保护等方面面临一系列挑战。当前,地区电网在调控管理方面存在的主要问题是:一是电网全景信息感知能力有待提升,存在诸如二次设备、分布式电源数据采集不全面的问题;二是分布式新能源调控能力不足,由于接入配电网的分布式电源波动频繁、种类繁多、控制特性都各不相同,传统单层优化控制技术和模式无法实现对多种分布式电源进行灵活、高效的利用,也无法满足系统运行稳定性和经济性的高要求;三是当前电网调度管理水平不能满足电网新业态与调度对象多元激增的发展形势,在统一调管范围、并网接入、价格机制等方面仍处于探索或试点阶段,政策上、管理上、技术上还未形成有效体系指导或支撑实际业务开展。在这种背景下,构建基于全要素资源柔性调控的地区理想调度体系探索与实践体系是推进新型电力系统建设调度专业落地的必经之路。

2. 地区理想调度体系管理模式研究

基于全要素资源柔性调控的地区理想调度体系,以数智化技术为支撑,以电网精益管理为重点,并在此基础上分别从基础业务、核心业务、重点业务三个方面进行了深化、优化和强化,加强源网荷储各环节间协调互动,持续提升能源电力系统调节能力、综合效率和安全保障能力。

2.1 "层层压实"细化任务清单

成立由地区调控中心牵头,运检、营销、安监及县配调等单位参与的工作小组。各工作小组细化分解工作方案，落实领导小组各项决策部署，确保各项工作统筹推进；探索"自组团队、主动领题、集体答题"模式，鼓励业务专家、青年骨干主动成为重点任务"领头羊、顶梁柱"。另外，根据专项工作及项目需求，采取固定人员与柔性组织相结合的方式抽调专家库人才，强化地县联动，盘活人才队伍，实现技术资源与人才优势供需精准对接；联合省调、高校以及外部单位，结合省公司建设重点任务，做好重点技术攻关，在拔尖创新人才培养、基础前沿技术研究、科技成果转移转化等方面进一步深化合作，全力推进科技创新与核心业务有机融合；按照"政府主导，电网主动，多方协同"的原则，建立涵盖政府主管部门、电网企业、工业用户的产业链生态，引导政府出台《工业企业"移峰填谷"实施方案》《落实工业企业"移峰填谷"用电补贴办法》等支持电力行业发展政策，明确针对不同业务主体的激励补偿及相关优惠措施，加强政策支撑力度与广度；按照"一张蓝图绘到底"与"各专业协同并进"的思路，按照具体项目制定统一调度工作方案，通过"一团队三清单"（责任清单、项目清单、目标任务清单）的方式进行管理，通过双周工作推进会确保各项工程如期推进。

2.2 "靶向施策"助推精益管理

再深化基础业务保障。遵循省地协同控制管理要求，进一步细化传统非统调电厂发电容量、调峰能力、调峰响应等信息，规范地方非统调电源接入电网要求；进一步强化配电自动化技术。持续推进城区开关站、环网单元采用光纤接入的方式、架空线路开关采用"无线＋量子加密"的方式统一接入 D5200 的 I 区主站；深化用户侧信息采集，推广台区侧智能融合终端、低压采集终端 LTU 等智能化设备，实现低压光伏发电、充电桩充电、常规生活用电信息全采集；强化"储"能运行数据采集，持续推进各类集中式储能、分布式储能运行数据采集和接入。

再优化核心业务支撑。以推进新一代系统主配一体化建设为契机，实现调度、设备、营销等部门跨专业间的系统、台账、数据互通，夯实配电网运行感知能力。全景展示台区、配网线路、变电站负荷和分布式电源出力数据，监视新能源发电出力、运行状态，根据并网线路联络关系、网架结构特点、电网潮流分布规律等关键数据，实时跟踪电网消纳水平；打造新设备投运数智管控平台。整合新设备投运过程中的各项资源，智能化自动生成启动方案，自主预演校核方案，分析电网新设备启动全流程中的各类风险，规划最优启动路径，为重点项目集中投产提供有力支撑。

再强化重点业务赋能。为应对夏冬两季电力供需紧张的难题，运用配网全景数智大脑精准预测负荷曲线、分时段供电缺口数据、可调资源裕度，做到资源调配数据"一图清"，生成移峰填谷最优方案，实现可调资源全时段最优调配。执行用户负荷移峰填谷方案，根据不同移峰缺口生成5个日移峰轮次执行方案。执行储能灵活调节方案，由地调向地区内可控储能电站下达日内充放电计划，实时控制储能系统的充放电状态和功率，并向地调滚动报送储能系统荷电状态和短期预测值并调整调度计划。

2.3 "数智蓄势" 优化电网能效

挖掘地区全要素资源潜力。电源侧，拉取各电厂日、周、月出力曲线并进行数据聚合分析，通过工作专班的对接沟通，结合数据分析结果确定其储备的可调节容量。光伏、风电等新能源，以人工加 AI 对新能源出力进行短期以及超短期出力预测，确定新能源可调节容量。电网侧资源，以历史电网大数据分析计算主变负荷水平，设置主变可调节潜力指标，将其划分为迎峰型、均衡型、避峰型三类。负荷侧资源，基于企业能耗大数据，通过负荷曲线的模式识别以及机器学习算法进行用户类型打标和模型训练，进而评估企业的可调节潜力。储能侧资源，通过前期建立的储能台账数据，充分考虑电池容量、放电次数及放电深度，分析储能站实际可调节容量。

构建由数据模型中心、分析决策中心、全景监控中心三个功能主体组成的调度运行全景数智大脑，实现地区电网全要素资源聚合分析。针对源网荷储各侧资源"各自为政"的传统调控模式，通过数字大脑，构建电网供电能力、负荷用电需求、可调资源裕度、保供最优策略的"一图清"。通过 AI 精准预测负荷曲线，得到分时段供电缺口数据，统筹优化供给侧资源出力和时段，科学安排需求侧资源投入类别与时序，制定发电机组出力、负荷侧响应、储能充放电等源网荷储调控最优策略，促进供需两侧精准匹配，实现可调资源全时段最优调配，达到"电力电量最优平衡、用电指标吃干榨净"的最优目标。

3. 实施成果及后续工作构想

依托全要素资源的地区理想调度体系建设与实施，电网安全运行效率明显提高，优质服务水平显著提升，且社会生态环境效益广泛认可。开展电网负荷移峰填谷，降低电网负荷峰谷差。实战期间，试点地区日均参与企业 6000 余户、成功转移负荷 158 万千瓦，全省高峰时段负荷率提升 1.32%，按照负荷率上升 1%，供电煤耗降低 5 克每千瓦时计算，相当于减少煤炭消耗 312 吨，减少碳排放约 8500 吨。试点开展区域内站—线—变三级平衡区调度，有效挖掘光伏无功 10MVar，均匀 110 千伏变电站主变负荷 4 座。配变重过载压力缓解，末端电压得到有效控制，电压合格率同比提升 5%，台区线损同比降低 10%。

此文探讨了地区电网在调控管理方面面临的挑战，通过试点开展理想调度体系的建设，提出了地区电网可能的改进方向。未来将继续积极稳妥、安全有序地深化地区理想调度体系的探索与实践，加大科技攻关和研发力度，深入完善"数智化"技术手段，为电力系统的安全稳定运行和社会经济的可持续发展提供有力支撑。

基于数智监督的供应链风险防控体系创新实践

闫亮

摘要：借助数字化技术的深度应用，供应链风险防控体系实现风险识别、防控、预警、处置的智能化、精准化和高效化。文章详细阐述了"三全三化"供应链合规风险防控体系理念及其创新实践，同时揭示了数智监督在提升供应链合规风险防控效能、营造风清气正采购环境、引领行业高质量发展等方面的价值与潜力。这些做法为其他企事业单位在数字化背景下推进权力监督与风险防控提供了有益借鉴。

关键词：供应链合规风险　数智监督　风险防控　三全三化　数字化

1. 问题提出及文献综述

在全球化与数字化浪潮的交会中，供应链管理日益复杂且充满变数，合规风险防控成为企业稳健运营与可持续发展的重要课题。随着供应链的全球化扩展，企业面临着多元化的法规环境与监管要求，以及国际贸易政策的频繁变动，这些都使得合规风险呈现出显著的地域性、动态性和复杂性。同时，供应链的深度与广度不断延伸，涉及众多利益相关方，各方的合规状况直接影响整个供应链的合规性，而信息不对称与协同难度加大了风险识别与管控的难度。新兴技术如大数据、区块链等虽然为供应链风险管理提供了新的工具与视角，但如何有效集成与应用这些技术以提升合规风险防控效能，仍处于探索阶段。

针对上述挑战，学术界与企业界已开展了一系列研究。学者们从理论层面探讨供应链合规风险的生成机制、传播路径以及影响因素，构建了涵盖风险识别、评估、应对与监控的理论框架，为风险防控提供了理论指导。企业界通过案例分析与实证研究，揭示了企业实践中供应链合规风险的具体表现形式与防控策略，为其他企业提供了实践参考。然而，现有研究在应对供应链合规风险的动态性、复杂性以及技术集成应用等方面仍有待深化，特别是在数字化时代背景下，如何借助大数据、人工智能等先进技术实现供应链合规风险的精准识别、实时监控与智能预警，形成全过程、多主体、动态循环的防控机制，尚未形成成熟的理论模型与实践范例。本文以国家电网有限公司数智监督为研究对象，旨在探索与揭示其在供应链合规风险防控领域的创新实践，为解决当前供应链合规风险管理痛点提供新的思路与解决方案。

2. 供应链风险防控的新趋势

近年来，随着全球供应链环境的复杂化以及数字化技术的快速发展，供应链合规风险管控在技术应用与管理模式上呈现出一系列创新趋势。这些新动向旨在提高风险识别的精准度、强化风险应对的敏捷性，并确保合规管理与企业战略的深度融合。

2.1 智能化与大数据驱动的实时监控与预警

企业运用大数据、人工智能、机器学习等先进技术，对供应链活动进行实时监控与智能分析，实现对潜在合规风险的提前预警。通过整合供应链各个环节的海量数据，系统能够自动识别异常行为模式、发现潜在违规迹象，并通过可视化工具呈现风险态势，为决策者提供实时、精准的风险洞察。

2.2 合规风险的全链条、全过程管理

企业针对供应链的全链条、全过程进行合规风险管控，通过构建端到端的风险防控体系，确保从供应商选择、采购、生产、物流、销售到售后服务的每一个环节都符合合规要求。

2.3 法律法规与国际标准的动态跟踪与适应

企业需要具备敏锐的法规动态感知能力，及时调整内部管理制度与操作流程，确保始终符合最新合规要求。同时，企业也越来越重视国际标准的采纳与遵循，以提升供应链的全球合规性。

综上所述，供应链合规风险管控在技术应用与管理模式上正经历深刻变革，这些新动向为企业提供了更为精准、高效、协同的合规风险防控手段，对于提升供应链整体合规水平、降低合规风险具有重要意义。

3. 国家电网有限公司"三全三化"数智监督创新与实践

国家电网有限公司构建了一套先进的供应链数智监督体系，旨在提升供应链管理的合规性、透明度与效率，为公司合规风险防控提供坚实保障。

3.1 "三全三化"的本质内涵

"三全三化"供应链监督体系是国家电网有限公司针对供应链监管的新要求，提出的一种全面、全程、全员参与，且监督机构责任化、监督队伍专业化、管控手段数智化的新型监督模式（见图1）。其内涵如下：

图1　国家电网有限公司数智风险防控网络示意图

3.1.1 "三全"的内涵

（1）业务全覆盖。监督范围广泛而深入，涵盖供应链计划、采购、合同、配送、质量、供应商关系、标准化、专家管理、合规监督及废旧处置等全链条业务环节，确保无监管死角。

（2）流程全管控。对供应链所有业务流程进行全面梳理与监督，确保每个环节操作规范、决策合理、信息透明，防范合规风险滋生。

（3）岗位全监督。所有供应链参与者，无论级别、职能，均在监督范围内，确保每名员工明确职责，遵守合规要求，共同维护供应链秩序。

3.1.2 "三化"的内涵

（1）监督机构责任化。明确各级供应链管理部门的监督职责，压实责任，形成上下协调、权责清晰的监督组织架构。

（2）监督队伍专业化。组建一支覆盖供应链各专业的高水平监督检查专家团队，通过培训与实践提升队伍的专业素质与监督能力。

（3）管控手段数智化。运用人工智能、大数据等前沿技术，构建数智风险防控网络，实现风险的实时监测、精准预警与智能应对，推动监督工作从"人防"向"技防"转变。

3.2 国网公司"三全三化"数智监督具体实践

3.2.1 构建风险知识库

国家电网有限公司构建了包含典型案例清单与全链风险清单的风险知识库，为供应链合规监督与数智化手段的应用提供理论支持与实践经验。典型案例清单通过对历史问题的系统梳理与整改措施制定，形成标准化问题台账，供各单位参考整改。全链风险清单则对典型案例涉及的风险点进行归纳总结，构建结构化的风险档案库，指导各环节风险识别、评估与防控。

3.2.2 拓展数智监督手段

（1）合规风险探针与监控预警指标。国家电网有限公司采用合规风险探针与监控预警指标对供应链全链全量业务风险进行实时监测与预警。

如采购文件澄清不及时探针、违规组建评委会探针、投标竞争性不足探针等，通过智能算法实时识别潜在风险，触发预警提示，引导相关部门及时应对。

（2）风险防控网络建设。构建"事前预防预警、事中有效监督、事后长效改进"工作机制，形成"线上＋线下"立体式、常态化的风险监控预警网络（见图2）。通过数据中台全量业务数据，应用数智化手段实时识别供应链风险，提升风险防控的敏捷感知能力。

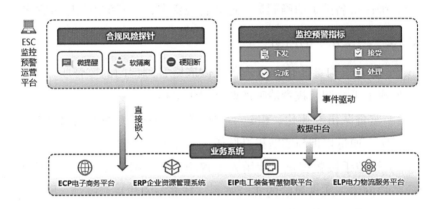

图2　国家电网有限公司数智监督数据流向

3.2.3　强化监督闭环管理

国家电网有限公司通过问题整改闭环反馈机制与监督成效量化评价机制，确保监督发现问题得到及时有效整改，监督效果得到持续跟踪与评估。问题反馈完成率达到100%，异常问题发生率显著降低，如投标不足3家开标、评委会人数不规范等典型问题已经杜绝，货款支付异常问题大幅下降，供应链业务运作更为合规高效。

3.3　"三全三化"数智监督工作成效

（1）建成完善的监督体系。国家电网有限公司成功构建与绿色现代数智供应链发展相适应的"三全三化"供应链监督体系，形成"事前预防、事中监督、事后改进"的工作机制，通过40项重点举措与5种监督方式，确保供应链监督工作的全面、有序开展。

（2）筑牢数智风险防控网络。依托前沿数字技术，国家电网有限公司实现了供应链风险的"事前预防、事中监督、事后改进"，有效防范化解供应链风险。全网累计监控事件年均达 280 余万条，异常问题发生率显著降低，从 0.34% 降至 0.02%，供应链业务运作的合规性与效率大幅提升。

（3）提升供应链"三效"。数智监督体系的高效运转，使供应链管理的效率、效益、效能显著提升。问题反馈与整改机制的深化，推动了供应链各环节合规管理能力的提升；风险识别能力的增强，拓展了数智监督的广度与深度；供应链业务运作的日益合规，降低了各类巡查审计中问题查处的频率，提高了整体运营效能。

4. 结论

国家电网有限公司通过实施"三全三化"数智监督，构建了符合数字化转型与高质量发展要求的供应链监督体系，有效提升了供应链监管的精准性、时效性和预见性。该体系通过智能化手段实现了供应链监督的全方位、全链条、全员覆盖，有力保障了供应链的合规稳定运行，为全国统一大市场的构建与能源电力产业链供应链的高质量发展作出了积极贡献。未来，国家电网有限公司将持续深化"三全三化"监督体系建设，加强政企沟通合作，引入外部数据资源，拓展数智监督手段，强化内外部监督力量协同，为构建一流企业、服务经济社会发展注入强大动力。

参考文献

[1] 马军，张青山，宿恺，等 . 基于 Internet/Web 的企业动态联盟风险防范系统设计 [J]. 管理科学，2003（6）:62-67.

[2] 董慧 . 空间、风险与超大城市治理现代化 [J]. 中国矿业大学学报（社会科学版），2021（1）:1-10.

[3] 唐文玉 . 现代性、公共性与风险社会时代的秩序建构——兼论中国

缘何能出色应对"新冠疫情"危机 [J]. 内蒙古社会科学，2021（6）:23–29.

[4] 韩世通，李华姣 . 矿产资源供应风险研究进展和前沿 [J]. 资源科学，2023（9）:1723–1745.

[5] 王矞华，林兴东 . 大型客机协同研制供应链风险传播路径分析 [J]. 现代商贸工业，2016（34）:58–60.

[6] 宋华，杨晓叶 . 供应链风险管理文献综述 [J]. 供应链管理，2020（3）:33–45.

[7] 张占福，耿立艳 . 新冠疫情下精益生产企业供应链中断风险应对机制研究 [J]. 价值工程，2023（9）:47–51.

[8] 全球数字贸易白皮书 [R]. 北京：艾瑞咨询系列研究报告，2021（10）.

[9] 王露宁，朱海洋 . 大型供应链企业数字化转型规划与实施路径 [J]. 中国流通经济，2022（4）:79–88.

[10] 程建宁 . 基于大数据的智慧供应链关键角色画像研究与应用 [J]. 供应链管理，2022（3）:35–54.

[11] 刘婷婷 . 供应链韧性管理体系架构研究 [J]. 供应链管理，2022（6）:23–34.

[12] 汪传雷，胡春辉，章瑜，等 . 供应链控制塔赋能企业数字化转型 [J]. 情报理论与实践，2019，42（9）:28–34.

做好重要时段燃煤电厂电力安全保障几点思考

王斌　马克研

摘要：随着国民经济高速发展，中国在世界上经济地位逐步提高，国际重大经济及社会活动日益增多，燃煤电厂如何做好国际重大经济活动重要时段电力安全生产保障工作，越来越成为燃煤发电企业当前的一项重要工作。

引言

长兴分公司结合自身加强工作机制建设，全面落实安全生产责任，结合地域、天气情况加强燃料和物资供应保障，根据生产实际精心安排部署生产秩序，开展网络安全建设，切实防范化解影响电力保障的危险因素，确保重要时段燃煤电厂电力生产安全稳定。

1. 实施背景

燃煤发电厂目前是电网最重要的组成部分，但受机组长时间运行、气候、燃煤供应等多重影响，稳定性有一定的波动。同时，其作为电网主力，特别是在当前火电企业盈利能力持续下降的情况下，如何实现重要时段燃煤电厂电力安全生产稳定，是燃煤电厂一项重大课题。下面结合长兴分公司在亚运会、G20、新中国成立70周年庆典期间多年电力保障经验进行简单介绍。

2. 强化工作机制建设

建立沟通汇报机制。强化组织领导，组建"生产""燃料""综合""网络"等专项保障小组，密切跟踪电力供需、气象、海事、燃料供应形势和预报预警情况，各部门及时汇报重点、难点问题，利用工作例会第一时间分析处置，统筹推进电力安全保障各项工作的落实。

开展风险研判。综合重要时段情况，分析电力生产存在的具体问题，按最严峻情况预估问题，认真落实《防止电力生产事故的二十五项重点要求》，全面做好风险管控和隐患排查治理，针对设备存在的突出问题和薄弱环节，梳理制定重点关注事项，开展消缺、整治工作。

发动中坚力量。以技术监督小组为基础，回顾异常事件、分析重要缺陷趋势、核查反事故措施执行、提炼运维管理经验、完善"防非停"专项措施清单，以各类专项奖鼓舞队伍士气。

强化 8 小时外管理力度。持续开展班子成员"班组一线工作日"行动和领导参加班组安全活动，落实厂领导带班、数名中层干部每日值班值守，同时带队检查与监督、日志化记录安全生产问题，持续落实整改工作；根据重要时段有序调整专业及班组骨干的外出公差、培训、休假等安排。

建立应急保障机制。各部门根据实际情况组织应急预案和各项防范措施的培训和针对性演练，不断完善应急预案，提高事故处理能力；全力做好高温、强降雨、低温等极端天气应对工作，落实措施，加强应急队伍、物资准备、值班值守、信息沟通、物资储备、抢险救灾等方面的专项检查和问题整改。

突出监督体系的保障作用。坚持"安全红黑榜"制度，实行生产工作动态"晒比评"工作。将安全监督、技术监督、工艺质量监督工作与问题整改情况的评价标准和要求纳入生产部门月度绩效指标考核体系。

进入重要时段，运行一线人员非必要不请假，运行值班人员按照力量最高合理配置，检修值班力量实行部门领导带队、专业加倍配备，承包商非特殊不调整，全力保障一线运维力量；生产管理人员请假须提级批准，原则上不予离市外出，生产体系干部、生产领导和部门主要领导不外出，暂停休假，工作聚焦生产运行，全力保障安全生产。

3. 强化燃料供应保障

提升市场预判和政策解读能力，综合各种灾害和突发状况，拓宽购煤渠道，加强与政府、煤矿、码头、交通运输部门和运输企业的沟通协调，完善燃料保供应急预案并开展演练。

加强煤场及燃煤系统运维工作，精益掺配环节，动态调整掺配方案，严控掺烧煤种潮粘程度、热值、灰熔点、灰分等关键指标。

优化煤质结构，做好储煤基地高热值煤炭的储备；紧盯场地、通关、转运各环节，逐步提高存煤的质量和数量，确保重要时段存煤的最高库存、热值满足连续接入高负荷的需求。

进入重要时段，一是协同港口、港航及航运单位，提前将规定煤种采购、调运至厂，确保存煤热值及库存持续达到要求；二是每日召开燃料保障会议，分析问题，落实接卸、掺配工作措施，确保不发生因缺煤或煤质问题影响机组稳定性、带负荷能力和排放的情况。

4. 强化物资供应保障

全面清点防台、防汛、防寒、防冻、防高温物资，完善物资储备，更新物资清单，落实现场人员防中暑、防低温、防滑跌以及关键设备冷却辅助设施正常运转。

强化备品备件管理。全面梳理重点备品备件库存，与系统内外单位建立备件动态联储机制，保持与主机厂、区域合作的设备修造厂联络，确保设备备品、零星加工第一时间得到落实。

科学统筹生产消耗物资。生产协同物资采购编制物资储备应急预案，物资部门核实供货厂家、经销商生产储存状况，确保在重要时段之前达最大库存量。

进入重要时段，每日盘点大宗物资耗量情况，动态更新需求与送货计划预估表；针对重要节日交通运输的特点，动态协调县域内外供应商的运力、物资生产与报批安排；当生产所需大宗消耗明显增大或储量大幅下降时，及时采取措施补充物资，确保生产物资处于高储量状态。

5. 强化生产秩序安排

5.1 突出检修规划

梳理燃煤发电机组设备状况，对照技术监督问题清单、修后性能试验报告，动态调整各系统运行策略。把握极端天气下和低负荷电网运行方式调整以及其他可能带来的调停机会，科学规划机组调停检修消缺项目方案，合理安排施工组织，充分利用电网低谷开展影响机组接带负荷能力的隐患治理工作。

成立缺陷治理小组。动态调整设备缺陷管理策略，每周召开缺陷例会，每日盘点消缺工作，切实提升消缺率；根据现场实际增开专题协调会，确保重要消缺分析到位、监控到位、措施到位，确保待备件、待停设备安全可控。

优化定期工作。针对迎峰度夏、迎峰度冬高温大负荷特点，动态完善设备加油、滤油、易堵测点吹扫等工作频率，策略调整重要设备频谱、红外测温等检测周期。

进入重要时段，一是每日组织缺陷分析会，分管领导亲自参加。二是按照"多查少动、想好再动"的原则，尽量避免重大作业和操作，对每一项可能造成运行方式薄弱的消缺工作，科学评估消缺的必要性和安全性，审慎把关，落实专人专题专项措施要求，制定消缺专项运行安全保障措施，确保消缺做到"稳、准、快"。

5.2 强化运行管理

健全设备状态监测与定期分析机制，建立各专业重点工作任务清单与重要参数监视要求，每周组织召开设备"高（低）温病"专题分析，加强运行日常巡检、检修维护巡检。

严格落实设备定期轮换试验机制，确保备用设备状态良好。加强"两票三制"的监督检查，加大事故假想排查的力度、频次和针对性。

影响主机、重要辅机以及涉及主保护、主调节、联锁信号工作必须编制专项方案和应急措施，厂部专业负责人全程跟踪管控，做到无旁站监护不开工。

各部门精心调节，高标准、严格控制各类污染物排放，防止煤泥、石膏、灰渣进入雨水系统；加强输煤系统、干出灰系统、石膏库区及施工现场的扬尘控制，确保环保设施高效运行，坚决杜绝环保事件的发生。

进入重要时段，一是按照"勤巡检、慎操作、多分析"的原则，实行提级巡检、提级操作、提级监护。二是统筹延期重要辅机切换等定期工作安排；对于存在较大风险的操作，采用试转代替轮换的方式开展，延期具有一定风险的定期工作至重要时段后执行。三是增强监盘力度，生产部门专业技术管理人员以上利用 SIS 监盘，有效为运行人员补位。四是积极开展风险隐患防范措施考问，做好事故预想工作。五是加大参数分析，跟踪分析重要参数变化，重要设备振噪情况，重要缺陷发展趋势，重点措施执行情况，每日通报、闭环生产例会部署工作。

5.3 严控作业风险

落实每日生产会"三讲一落实"（讲清缺陷原因、讲清作业风险点、讲清风险管控措施，落实工作责任人），集全厂安全、技术监督体系力量对现场关键点进行精准有效督查和指导。

通过应急演练、技能竞赛等提升人员应急能力与技术技能水平，开展高处坠落、网络安全等安全应急演练及"磨煤机堵煤、断煤"应急演练，提升生产事故应急处置能力。

强化现场监督，每日值班领导到夜间、节假日作业点巡查，高空、有限空间、动火等较大风险以上作业实行全程旁站监督，同时执行"无视频监控不开工"的要求。

进入重要时段，一是严控检修工作的必要性和安全性，高空、有限空间、吊装、动火、大型脚手架等高风险作业保电期原则上暂停，确实必须开展的作业必须升级管控措施，确保安全。二是持续加强"两票三制"执行情况的监督力度，杜绝无票工作和违章作业。三是强化现场检查与考核力度，通过领导班子成员带队安全审核、部门管理人员及安监网络人员检查等形式加大现场检查频次与深度，顶格处罚生产现场违章违规现象。

6. 强化网络安全建设

严格对照政府、中电联和能源局发电企业网络安全标准化清单、电力监控系统网络安防等规定为抓手，不断完善网络安全基础设施建设和互联网边界、工控系统边界的防控策略。

充分运用各项互联网实战攻防演习行动演练成果，清单化明确管理与技防措施；利用门户网站、邮件、大屏和即时通讯等开展防范钓鱼邮件、防范 AI 诈骗典型案例学习，增强各级人员网络安全意识。

进入重要时段，认真执行落实 24 小时不间断网络安全监测全覆盖值守，严格防范社会工程学攻击，增加重点部位和厂区周界巡逻频次，对来访人员严格核实检查，强化车辆管理，严防不明身份人员进入厂区；部署无人机反制枪，以增强对无人机的防护能力。

7. 结语

燃煤电厂在重要时段电力安全生产保障工作，要不断改进和完善工作措施和工作机制，结合地域、气候情况加强燃料和物资供应保障，精心部署生产秩序，注重网络安全管理，通过上述一揽子安全保障措施分阶段严格管控，切实防范化解不安全危险因素，确保重要时段的电力安全生产万无一失。

提升党员责任区网格化管理效能的探索

吕钧　张启华

摘要：坚定不移地贯彻新时代群众路线，关系着中国特色社会主义的前途和命运。在日常工作中，坚持做好群众工作，了解员工的想法，解决群众的问题，不仅关系支部运行队伍的建设，更关系机组的安全和经济运行情况，这些都离不开党员责任区和党员作用的发挥。本文通过支部在群众工作中采取的措施和取得的成果，来对党员责任区网格化管理效能的提升进行探索。

关键词：党员责任区　网格化管理　安全　队伍建设　作用

1. 课题背景

提高党员自身先进性和支部员工的政治思想素质，把新时代中国特色社会主义思想用于指导实践、推动工作的强大力量，围绕提高支部工作的效率，解决员工的需求，增强支部整体战斗力等方面，充分发挥党员责任区的作用，更好地服务于日常生产工作。

2. 问题分析

2.1　无法及时有效地了解员工的想法和需求

由于运行部党支部工作条件的特殊性，各网格小组的党员和员工人数参差不齐，加之年龄结构分布广等问题，传统的谈心谈话的方式对于了解员工的想法收效甚微，无法及时掌握支部员工的思想动态和需求。

2.2 无法有效地解决群众的急难愁盼问题

由于无法及时掌握员工的想法以及对支部工作的意见，支部不能及时解决员工在工作中遇到的问题。党员责任区可以进一步利用自身的优势和作用，更好地解决群众的问题，促进支部队伍的建设。

2.3 无法有效地发挥党员作用

由于支部的倒班性质，加之各岗位的工作内容不同。党员在日常的生产和工作中，无法时刻保持党员作用的发挥，会在日常操作等方面存在一定瑕疵。同时，支部党员也未在支部的队伍建设中充分发挥自己的作用。

2.4 无法全面地进行思想宣贯

由于支部运行工作性质，部门的人员构成年龄结构分布广，人员相对分散，支部无法及时且全面地将相关的文件和会议精神传达至每位员工，且无法掌握员工的学习情况和反馈。很多员工对国家新发布的一些政策等不了解，支部的宣贯工作会存在执行不到位的现象。

3. 采取的措施

3.1 深入员工日常，网格化了解员工需求

责任区党员应当加强自己与负责的支部员工之间的联系，了解员工对相关工作的建议和看法，积极关心员工的思想动态，及时将了解到的情况汇总并向部门反映，再及时地将处理方案与员工进行沟通和反馈，为支部工作提供了宝贵意见。

3.2 集合集体智慧，多渠道解决日常问题

运行部党支部一向都十分重视员工反映的关于生产和生活上的问题，支部开通部门领导"专线"，员工直接向支部领导反映生产和生活上的问

题。利用责任区党员对员工问题进行收集、处理、反馈、优化，群策群力，充分发挥党员责任区的作用。

3.3 辐射工作日常，各方面促进作用发挥

党员的先锋模范作用，应当体现在日常工作和生产的方方面面，大到安全生产、班组管理，小到劳动纪律、个人学习。各党员在工作中积极作出表率，同时要积极组织各类比赛和活动，充分发挥模范带头作用，主动承担相关事务和宣贯工作，进一步促进党员作用的发挥。

3.4 优化网格结构，多途径进行政治宣传

考虑到支部人员的构成，支部将党员责任区网格进行优化，根据党员的岗位和各值以及各部门的人员数量，将党员均匀地分布到集控室和各值班室，借由党员对责任区员工进行宣贯。另外，支部也鼓励员工积极参与相关知识竞赛，加强对党的政治思想的学习，提高部门员工整体政治思想的境界。

4. 效果分析

通过以上措施，运行部党支部的各项工作收到较为显著的成效，支部的整体战斗力和堡垒作用得到了明显提升。

4.1 强化安全意识，党员先行作表率

机组运行工作关系公司各项工作的开展，保证机组的安全稳定运行更是支部一直以来重点关注的方面。支部一直秉承"安全第一"的生产理念，始终把人员和设备的安全放在首位，切实保证机组的安全运行。

运行部党支部以每一名党员为"点"，强调"每一名党员就是一面旗帜"的要求，党员率先履行好自身安全责任，同时成为支部对于安全工作监督的重要依托，带动支部"面"的安全工作的整体提升。

4.2 保障生产工作，以赛促学强技能

运行部党支部一直都重视员工业务能力的提升，把员工的操作水平和事故处理能力作为日常培训的重点，对支部员工进行督促和强化。

支部依托党员责任区，号召支部党员积极带头参加公司和部门组织的各类技能比赛和技术比武。鼓励党员带头进行仿真机练习，提高了员工应对事故的能力。组织运行分析比赛和技术问答，大大提高了员工的业务水平，保障了机组的安全稳定，进一步发挥了党员的先锋模范作用。

4.3 加强岗位培训，优化配置促生产

作为公司人才培养和输出的摇篮，运行部党支部十分注重加强员工的岗位培训，关注支部员工对岗位的需求和职业生涯的规划，为公司各部门、各岗位培养了许许多多的专业方面的优秀人才。

在做好本支部工作的同时，运行部党支部始终坚持员工职业生涯的发展为先，向公司各部门推荐人才，为支部员工的职业发展做出一定的规划。鼓励员工积极考岗，提升自己的业务能力和知识水平。组织专工授课培训，提升员工的学习热情和知识水平。成立专业后备组，树立模范标杆，形成了良好的学习氛围。积极发扬"传、帮、带"的学习精神，鼓励员工积极向更高目标进取。

4.4 开展员工活动，思想宣贯提素养

运行部党支部在日常工作期间，一直都重视员工的思想状态，同时也会主动去了解支部员工的需求和建议，这对于支部工作的开展起到了十分重要的作用，真正做到了集思广益，在员工中寻求问题的解决方法。

运行部党支部利用党员责任区网格化管理，了解责任区内员工对部门相关工作的看法和意见，积极采纳意见，优化支部相关工作方案，更好地服务于生产工作的开展。

支部也十分重视责任区内员工的思想动态和员工政治思想的学习。支部利用知识竞赛等形式对员工进行政治思想的宣贯，提高部门员工整体政治思想的境界。开展各类活动丰富员工的业余生活，关注员工生活中遇到的问题，为员工办事提供政策资讯等服务，提高了支部员工的凝聚力并增

强了归属感。

4.5 增强责任意识，多措并举成规范

支部的整体队伍建设关系机组的安全稳定运行，运行部党支部在工作中始终重视员工责任意识的强化和纪律的建设，让员工明白自己是机组运行的主人，确保机组的运行工作平稳进行。

通过发挥党员的带头作用，自觉遵守公司和部门各项规定，并通过责任区网格化管理和班组管理等方式，树立模范标杆，鼓励员工积极对标，增强员工的责任意识。

同时注重员工集体荣誉感的培养，鼓励员工积极在工作上、比赛中积极表现，为公司和部门增添荣誉。通过党员责任区宣贯、组织普法讲座等形式，提倡员工遵纪守法，助力公司企业形象提升，强化支部员工责任意识。

5. 结束语

运行部党支部通过提升党员责任区网格化效能，坚持做好群众工作，了解员工的思想动态和对支部工作的意见，解决群众的急难愁盼问题。不断提高支部服务群众和防范化解风险的本领，增强员工对机组运行工作的责任感和使命感，进一步提升支部综合战斗力和堡垒作用的发挥，促进机组长期稳定安全运行，助力公司战斗力和品牌力量的提升。